HOW TO DRAW MOBS FOR MINECRAFTERS

EASY STEP BY STEP GUIDE VOLUME 2

STEVEN BLOCK

THIS BOOK BELONGS TO...

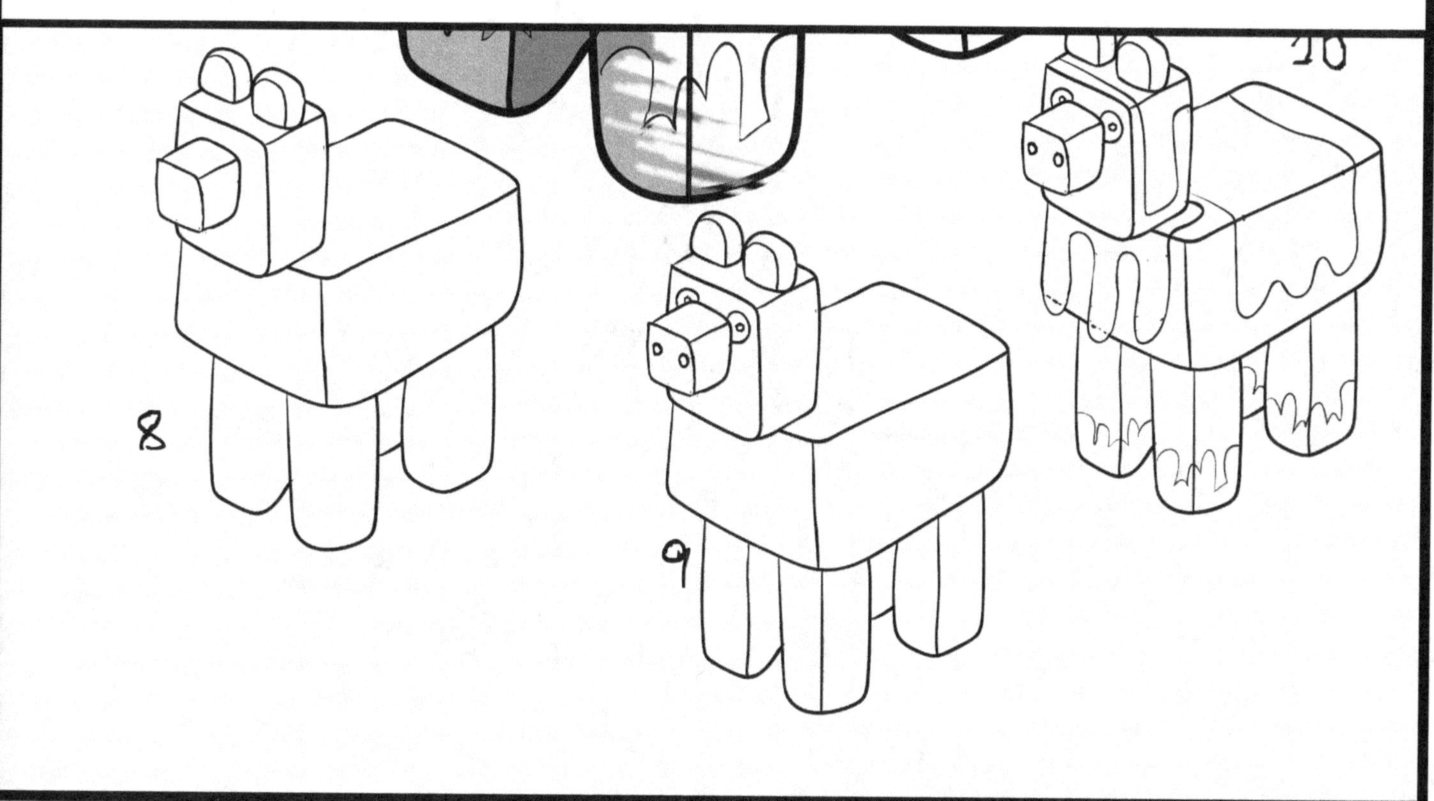

PHANTOM

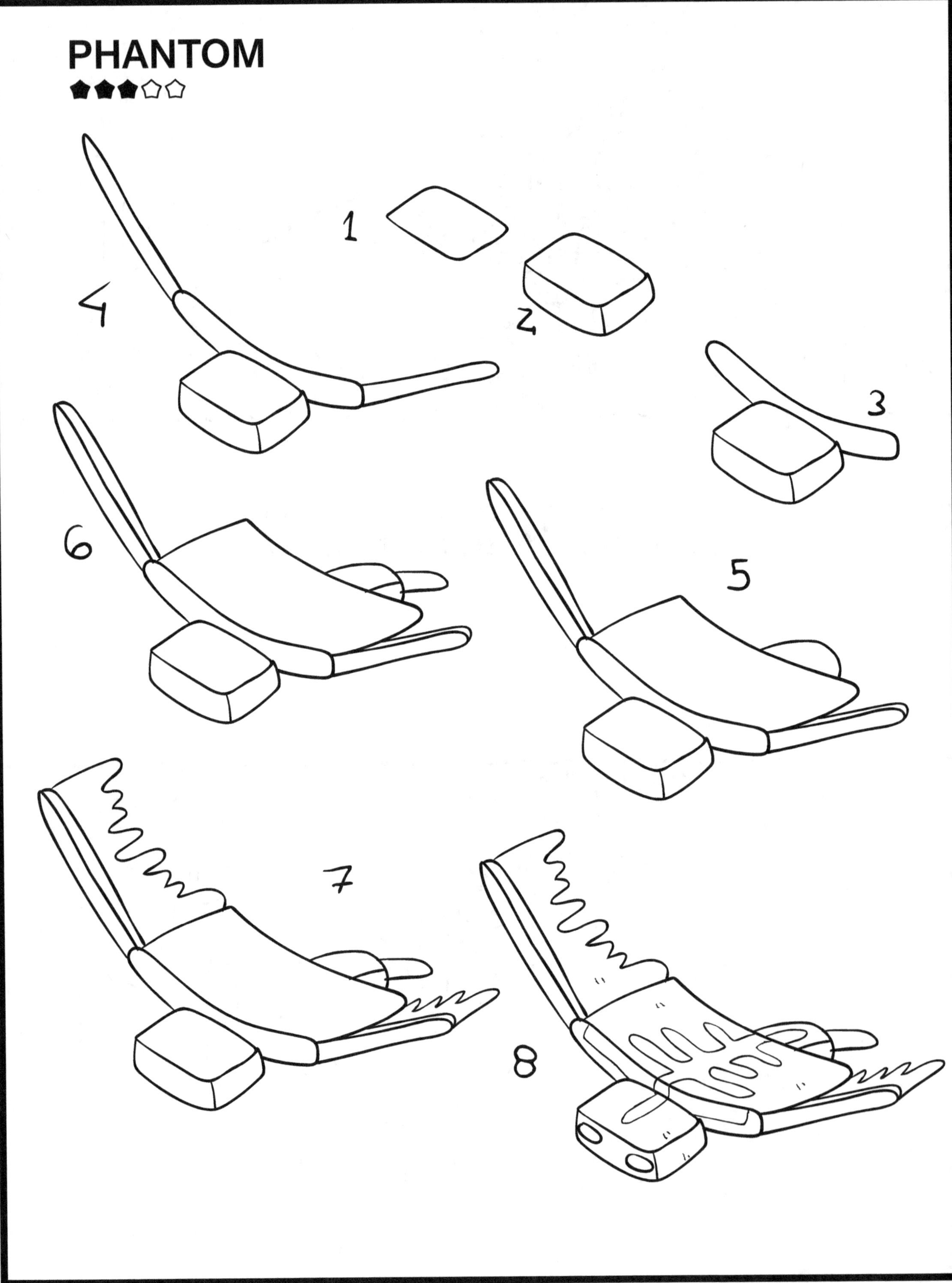

Now, it's your turn

PIG

★★☆☆☆

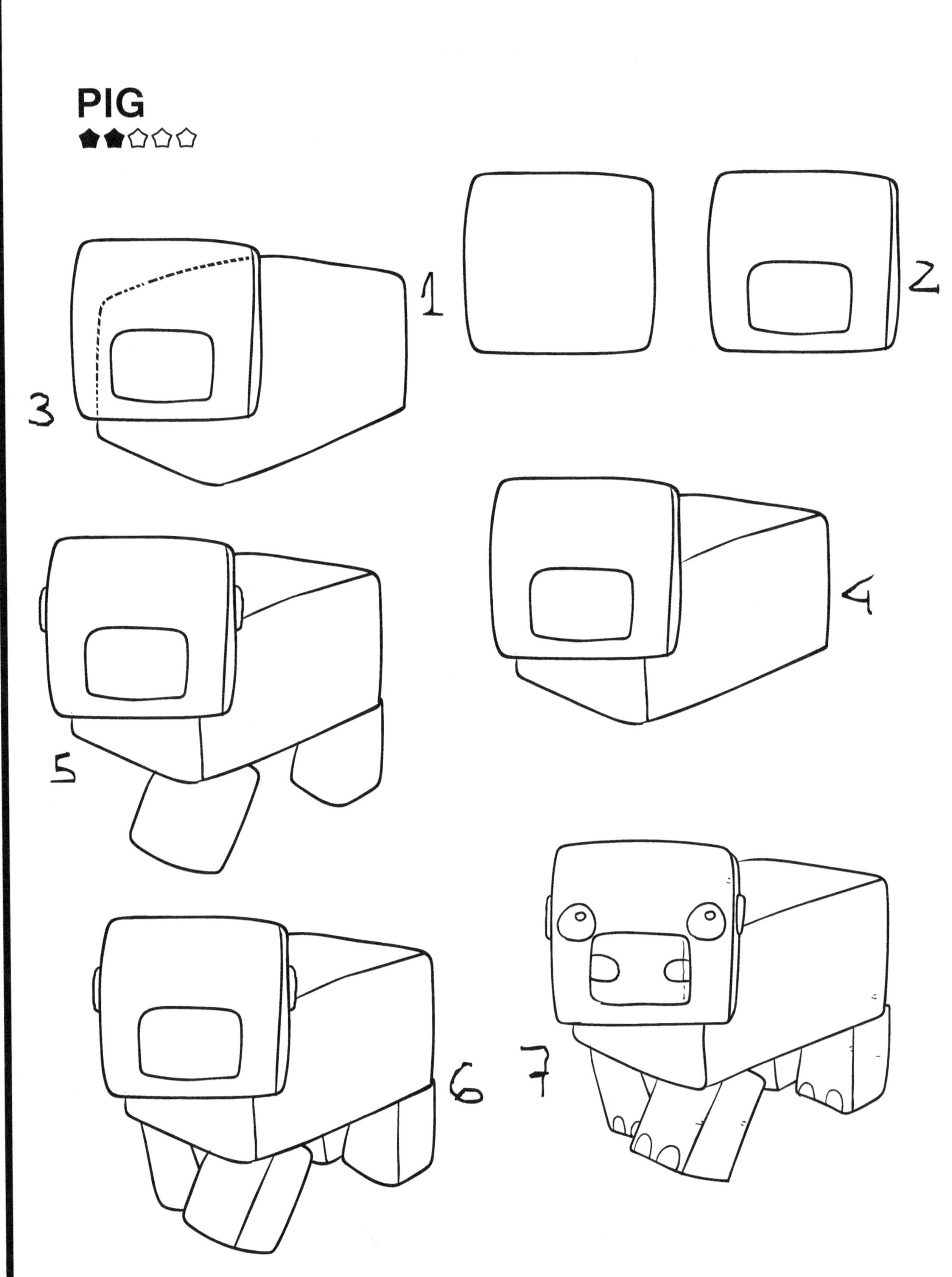

Now, it's your turn

Now, it's your turn

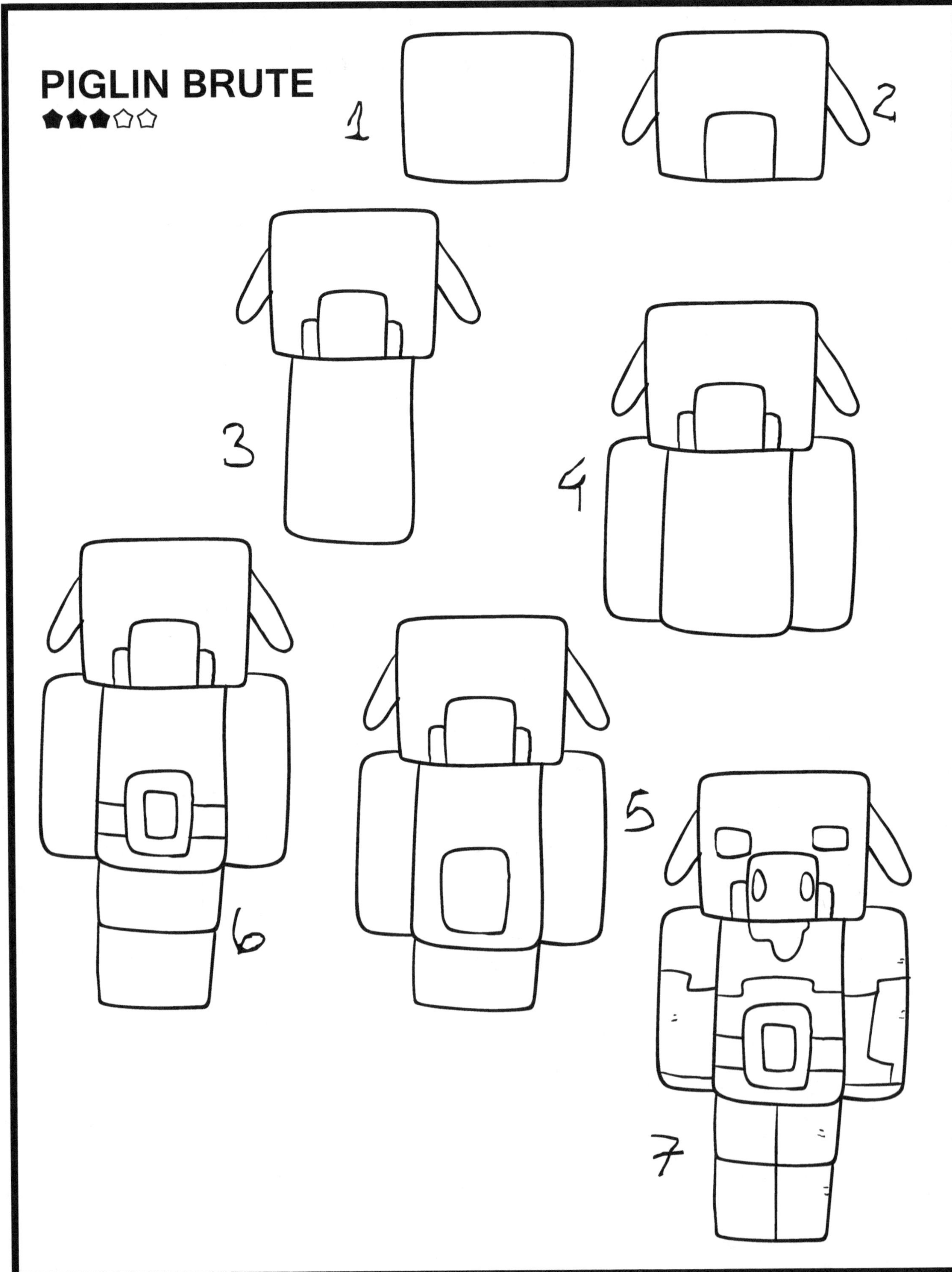

PIGLIN BRUTE
1
2
3
4
5
6
7

Now, it's your turn

PIGLIN

★★★☆☆

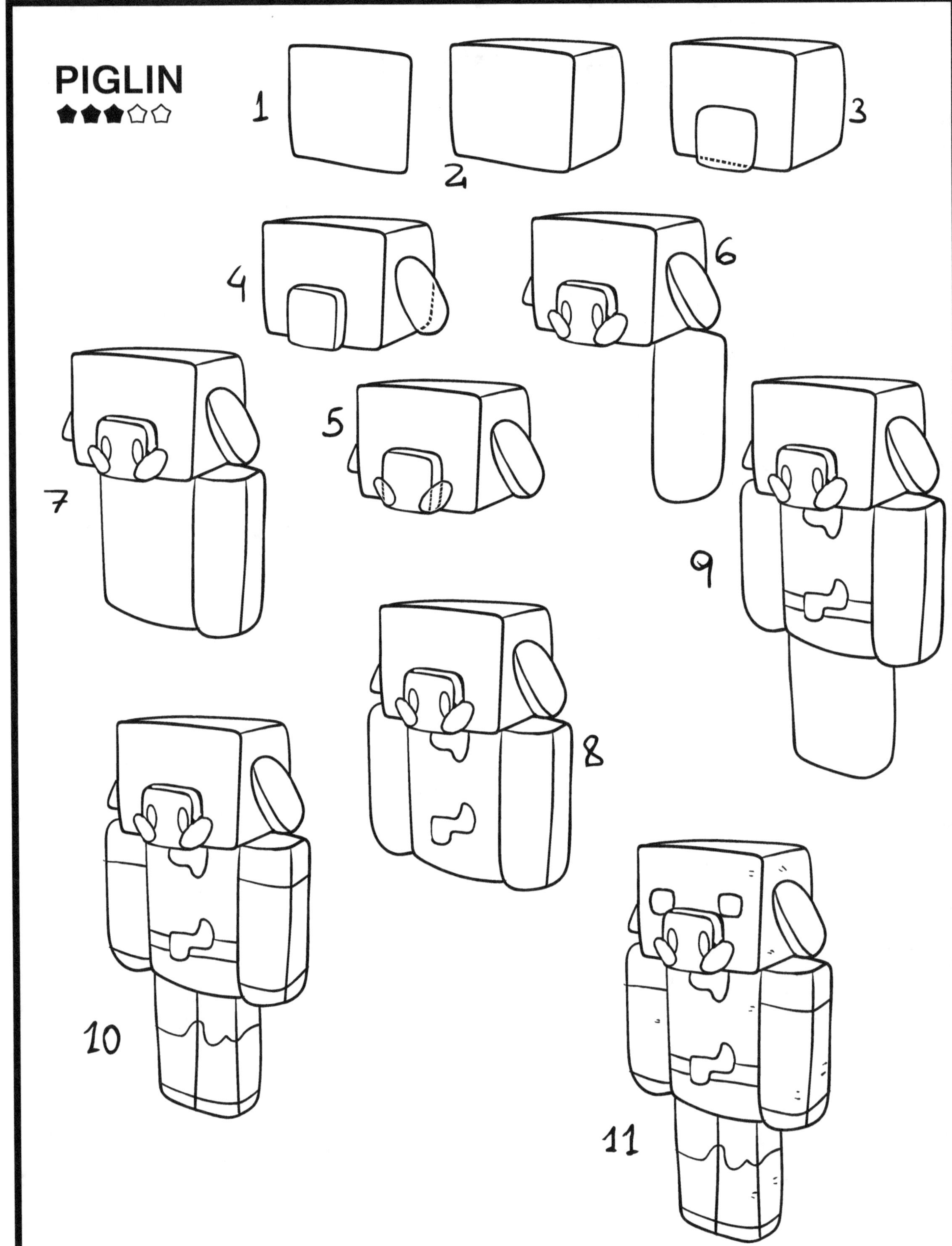

Now, it's your turn

PILLAGER

★★★★★

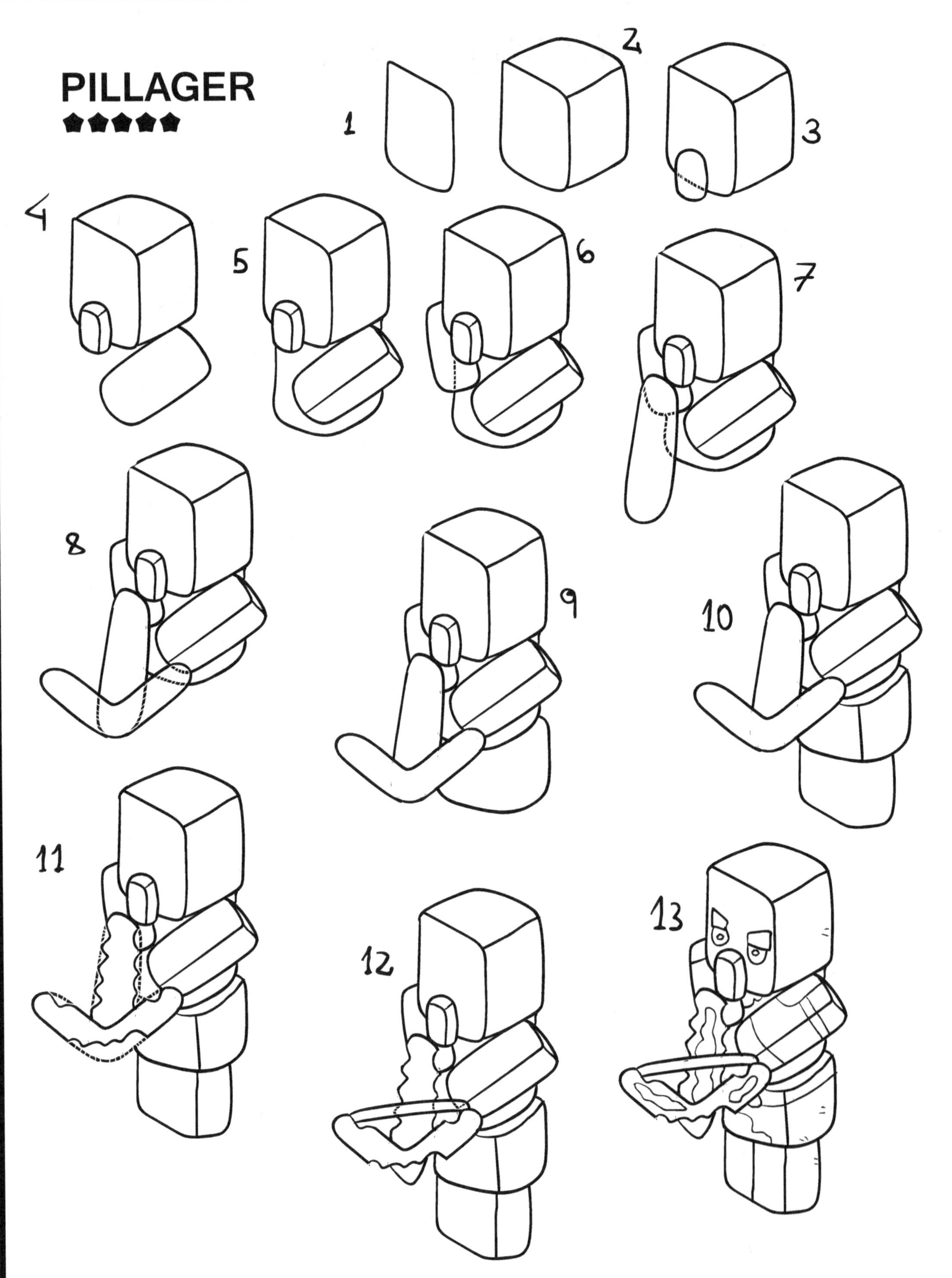

Now, it's your turn

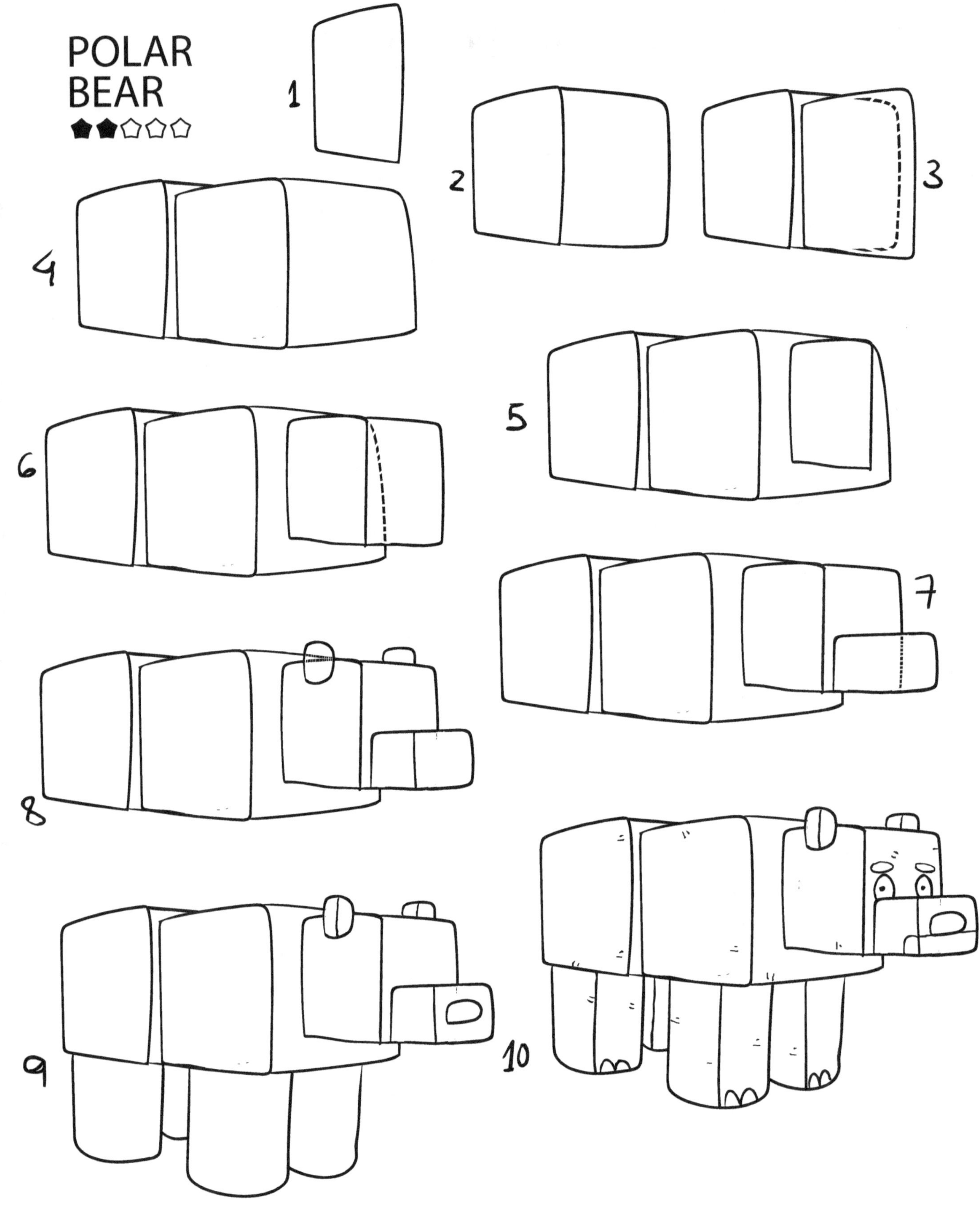

POLAR
BEAR
1
2
3
4
5
6
7
8
9
10

PUFFERFISH

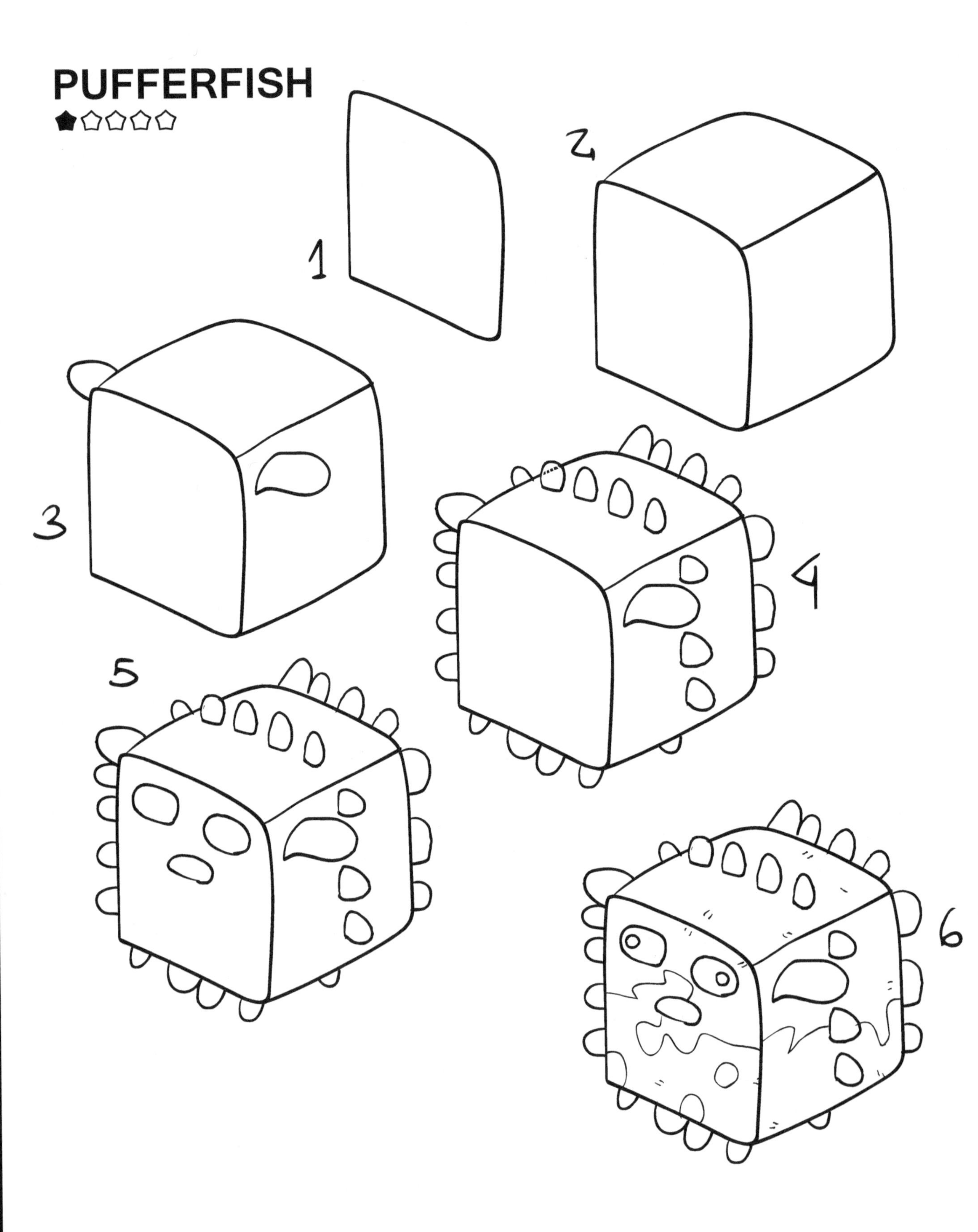

Now, it's your turn

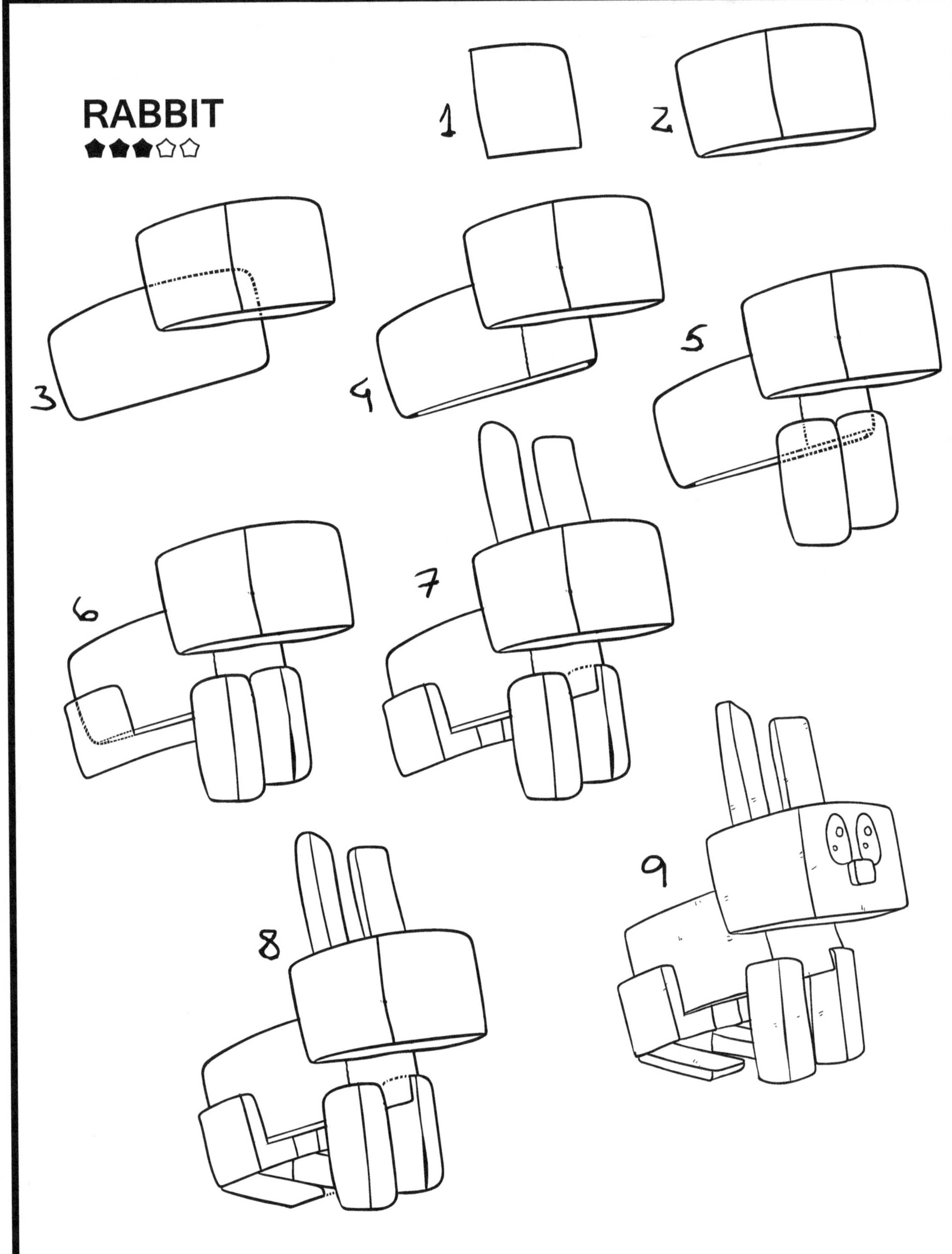

RABBIT
1
2
3
4
5
6
7
8
9

Now, it's your turn
Now, it's your turn

RAINBOW
SHEEP

★★★★☆

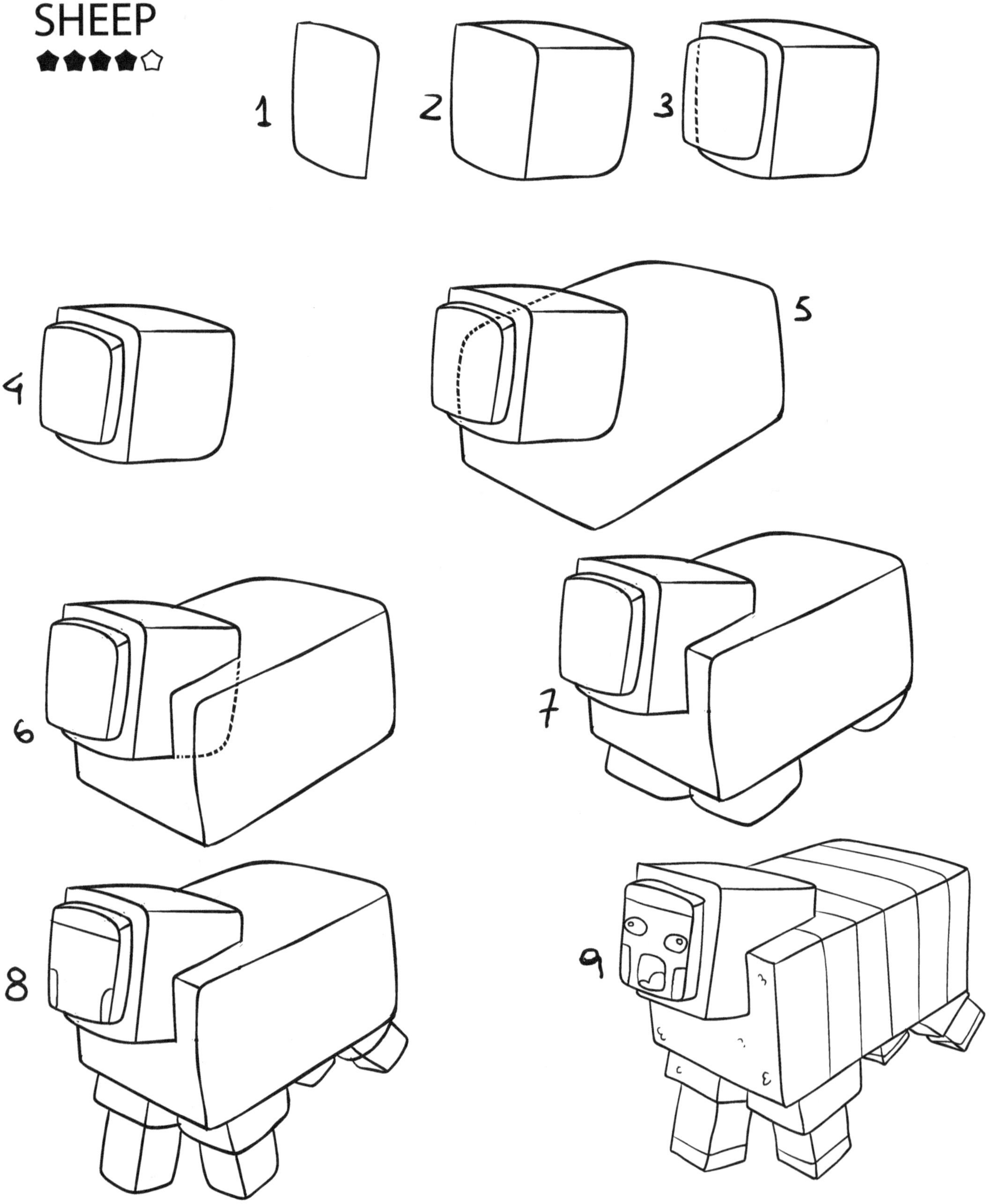

1

2

3

4

5

6

7

8

9

Now, it's your turn

RAVAGER

★★★★☆

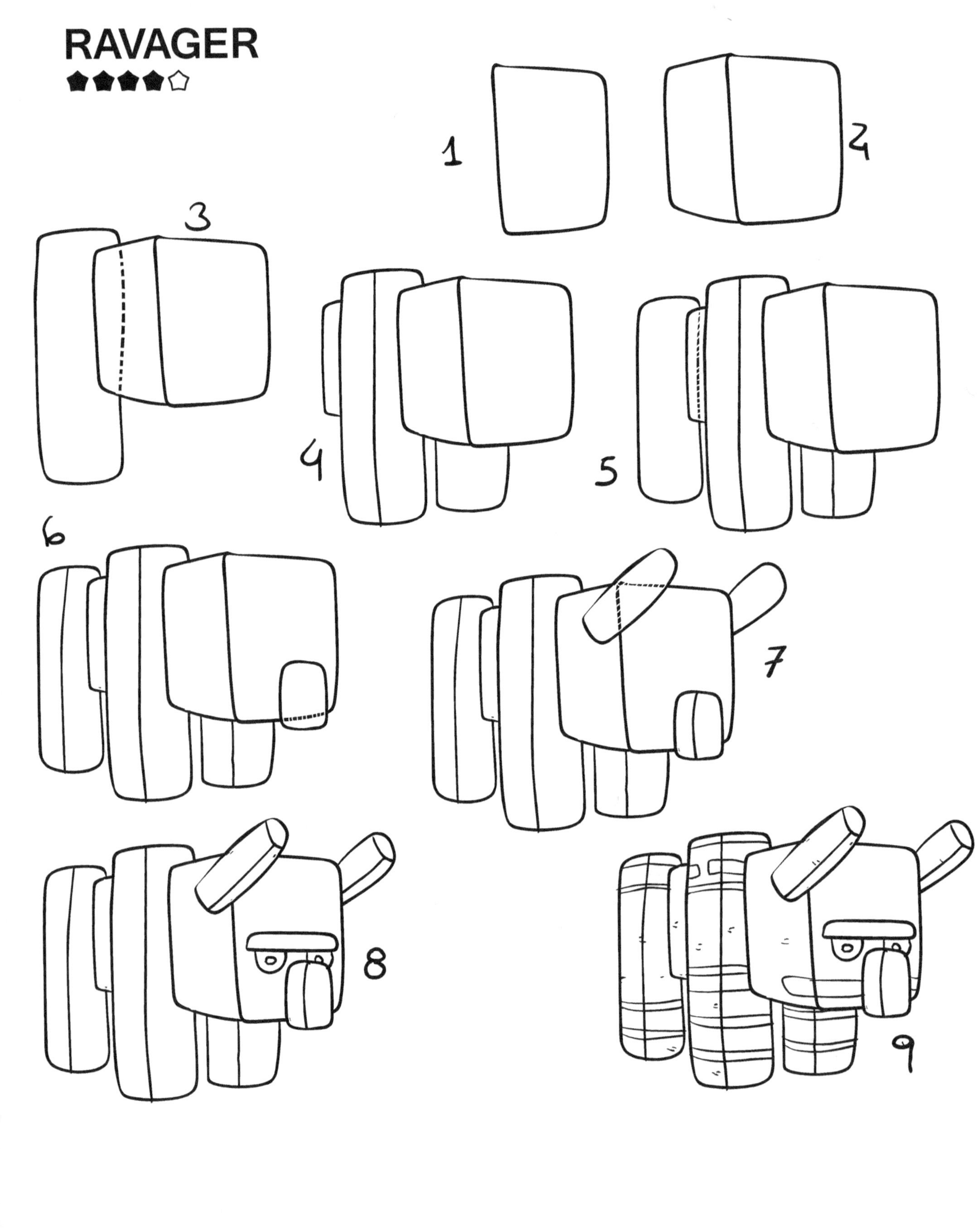

Now, it's your turn

Now, it's your turn

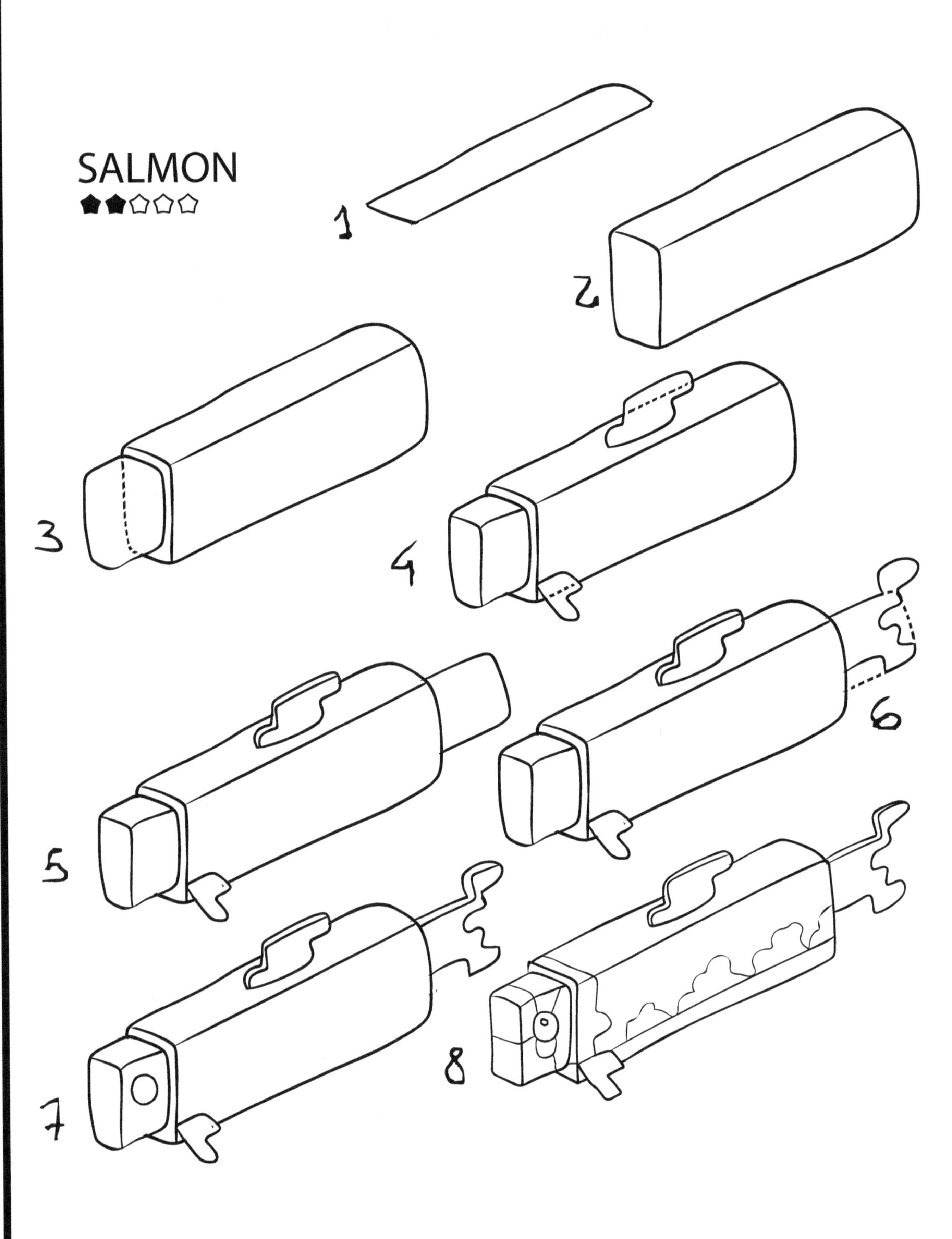

SALMON
1
2
3
4
5
6
7
8

Now, it's your turn

SHEEP

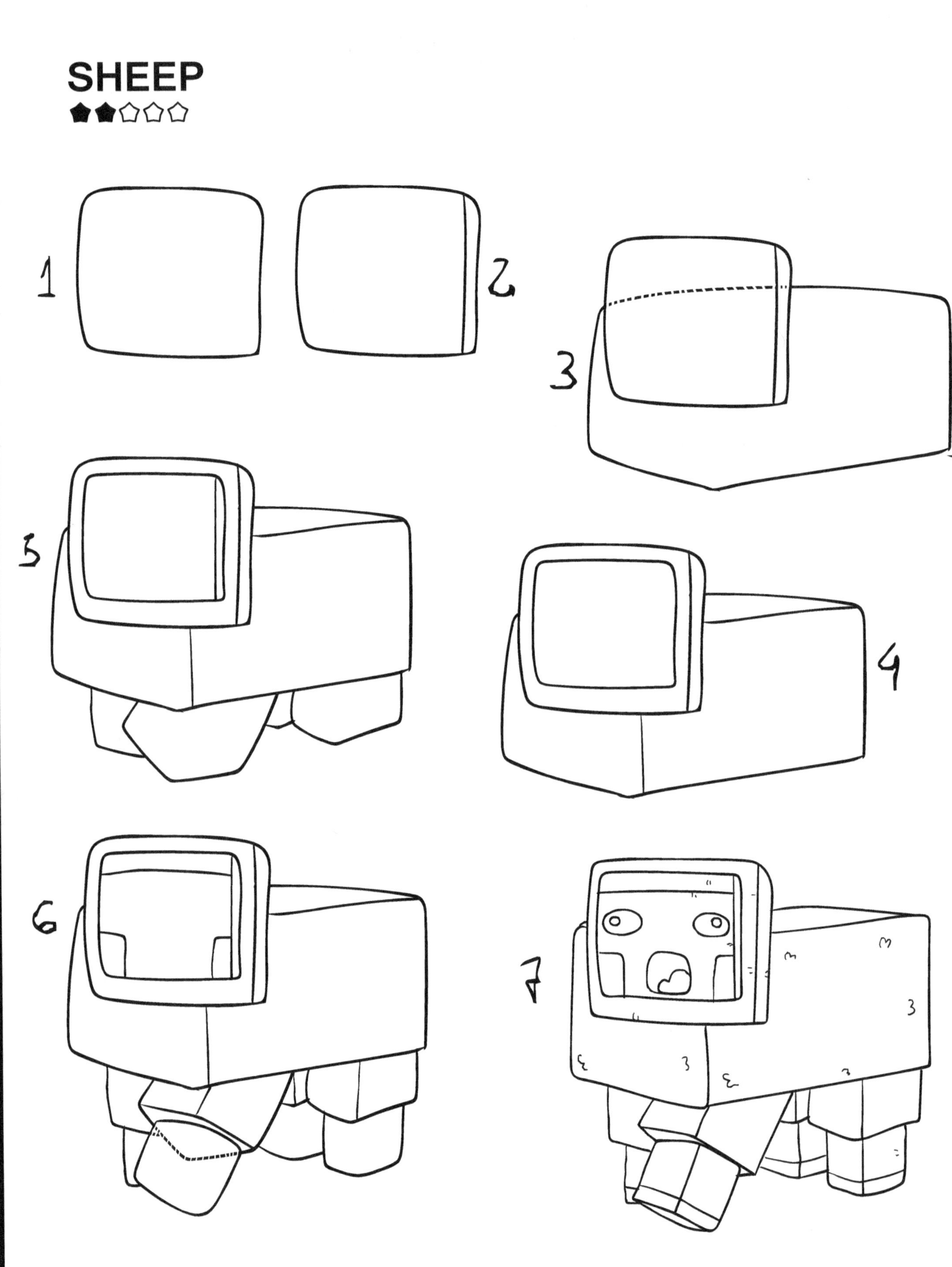

Now, it's your turn

SHULKER

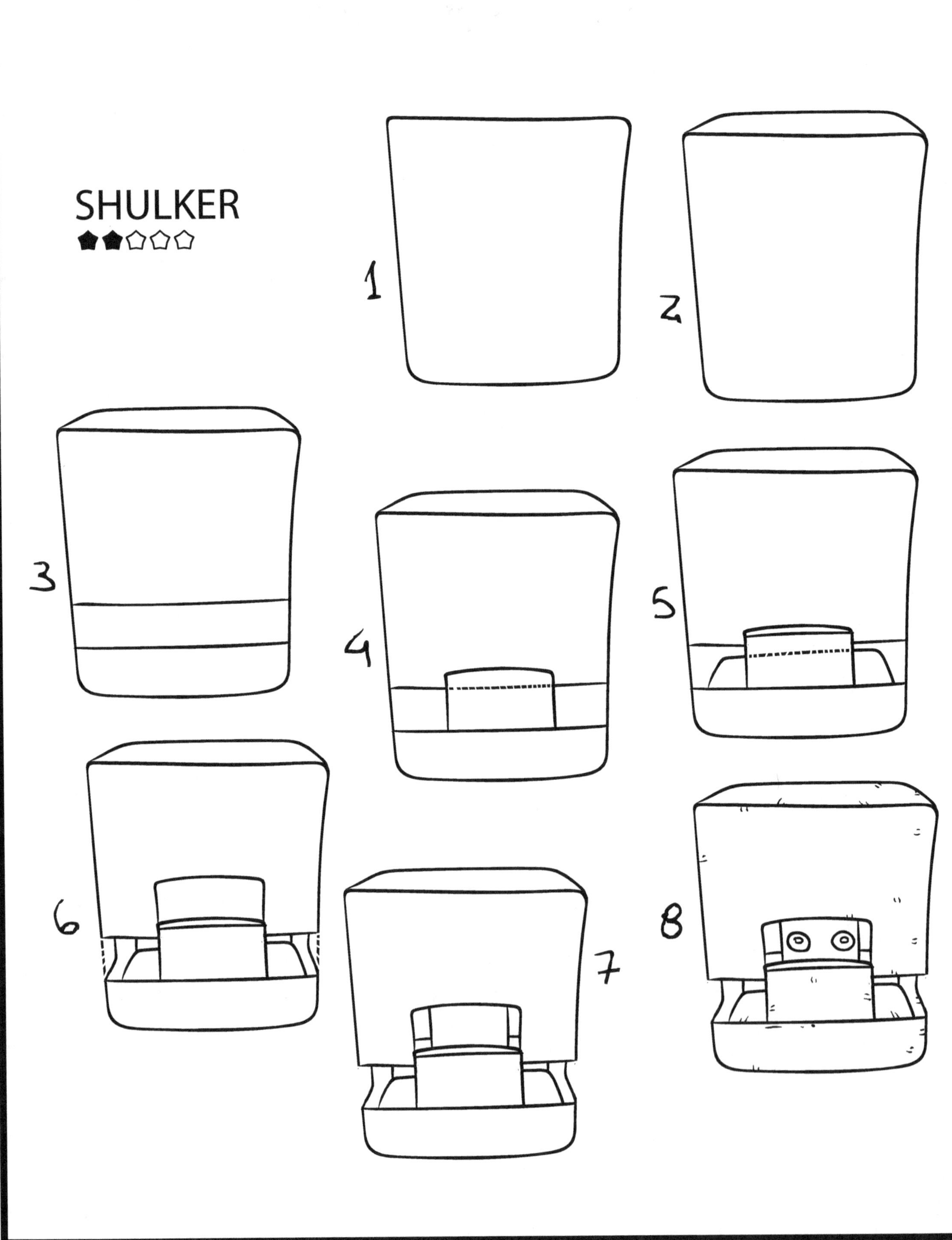

Now, it's your turn

SILVERFISH

★★★☆☆

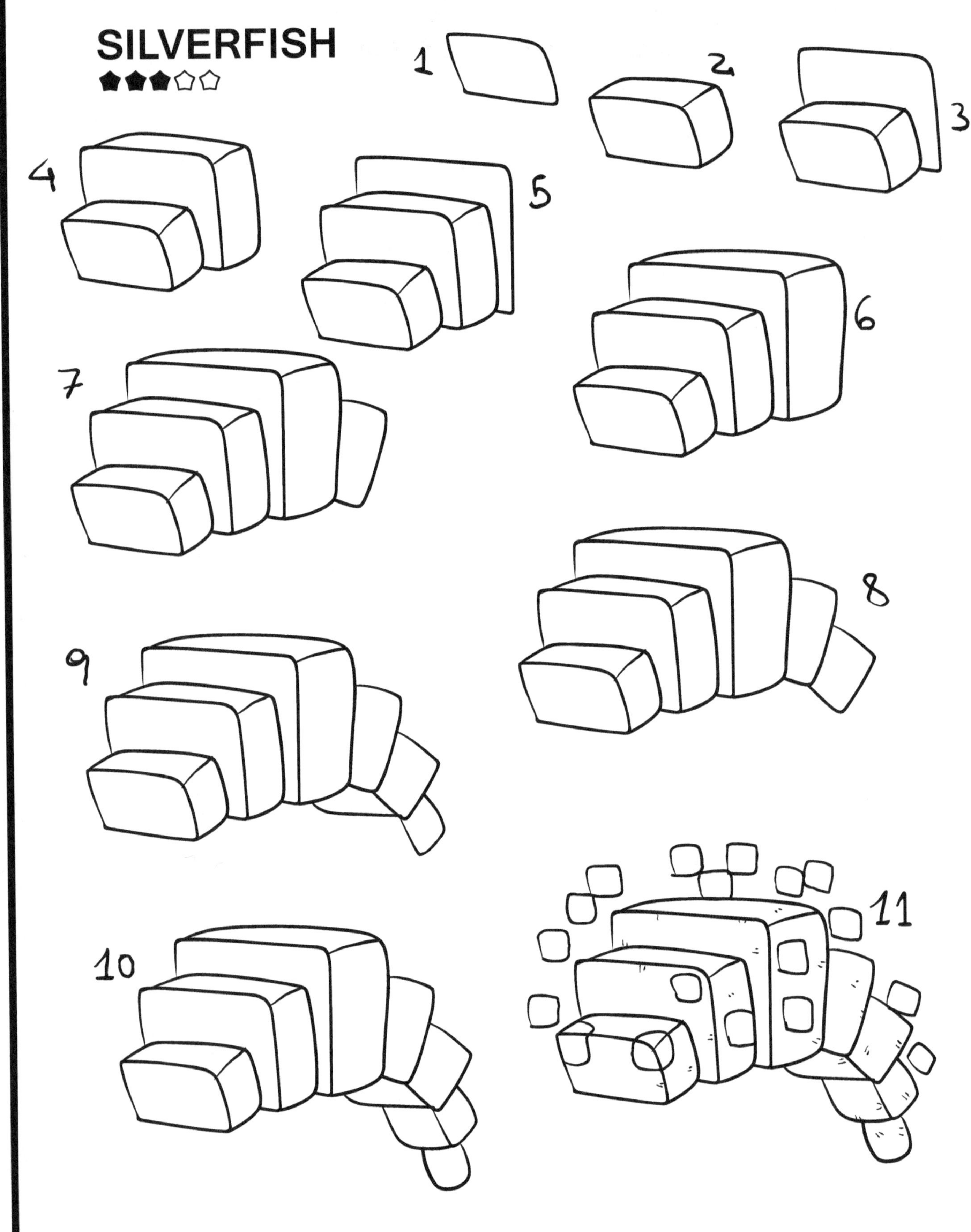

Now, it's your turn

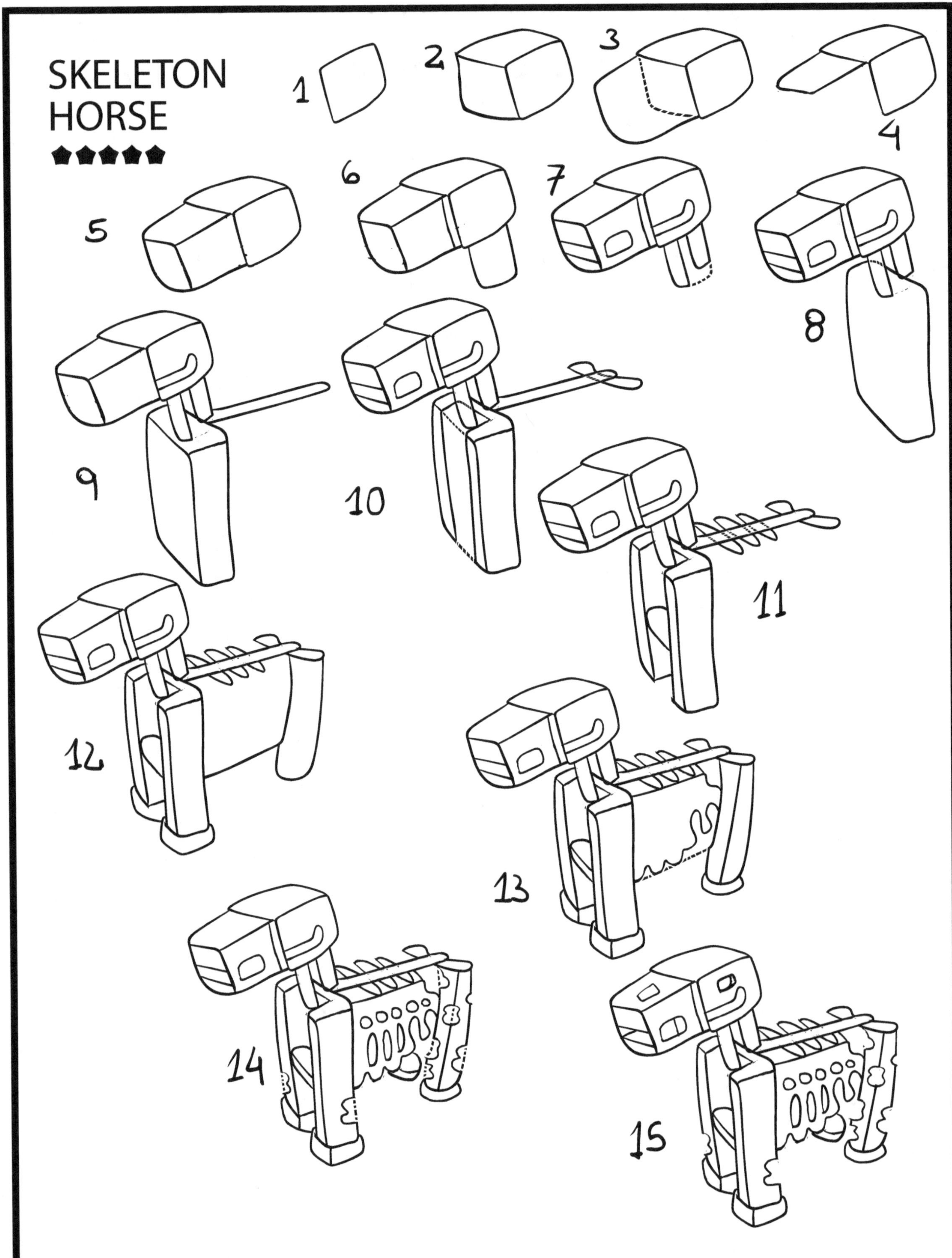

SKELETON
HORSE
1
2
3
4
5
6
7
8
9
10
11
12
13
14
15

Now, it's your turn

SKELETON

★★★☆☆

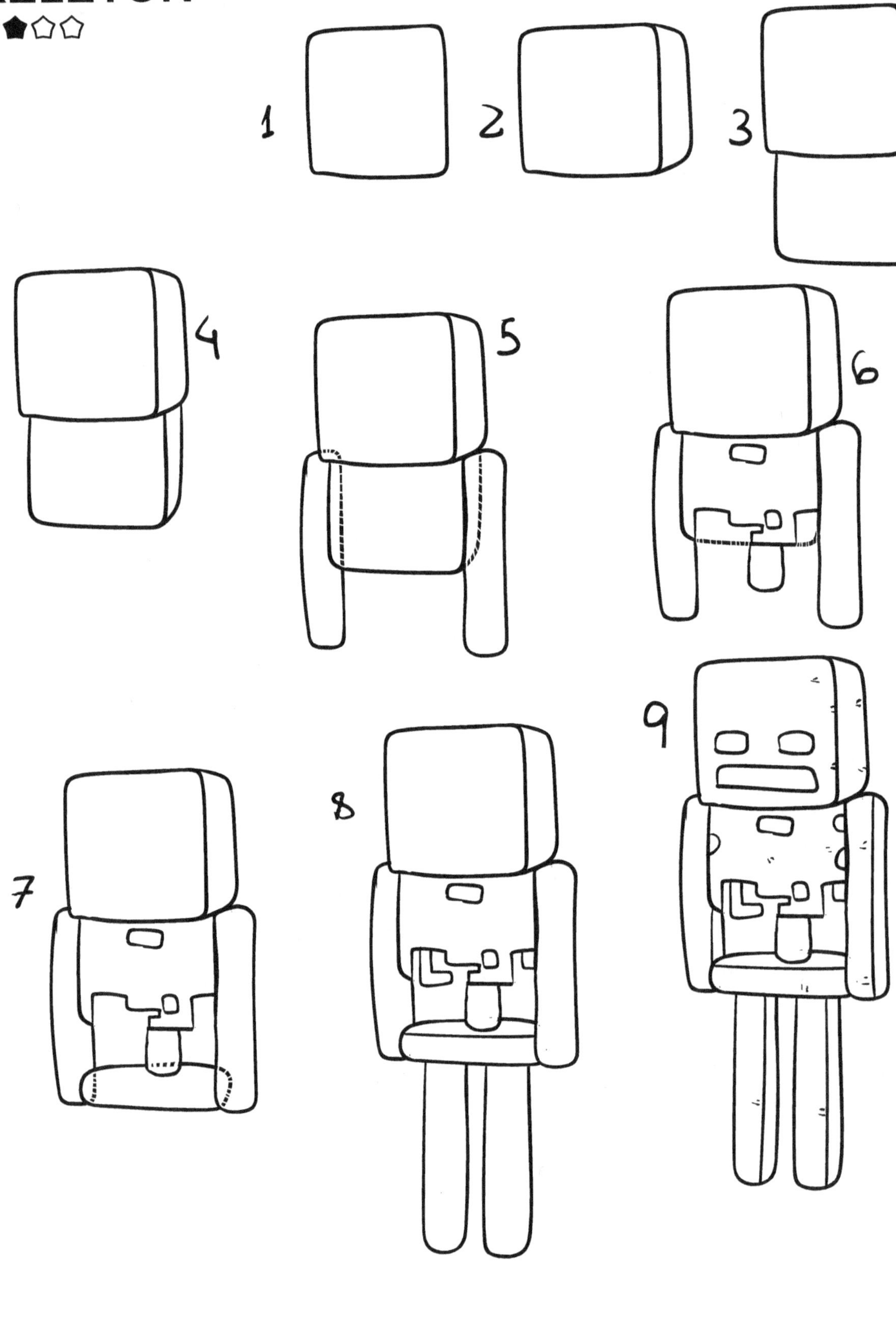

1

2

3

4

5

6

7

8

9

Now, it's your turn
Now, it's your turn

SLIME

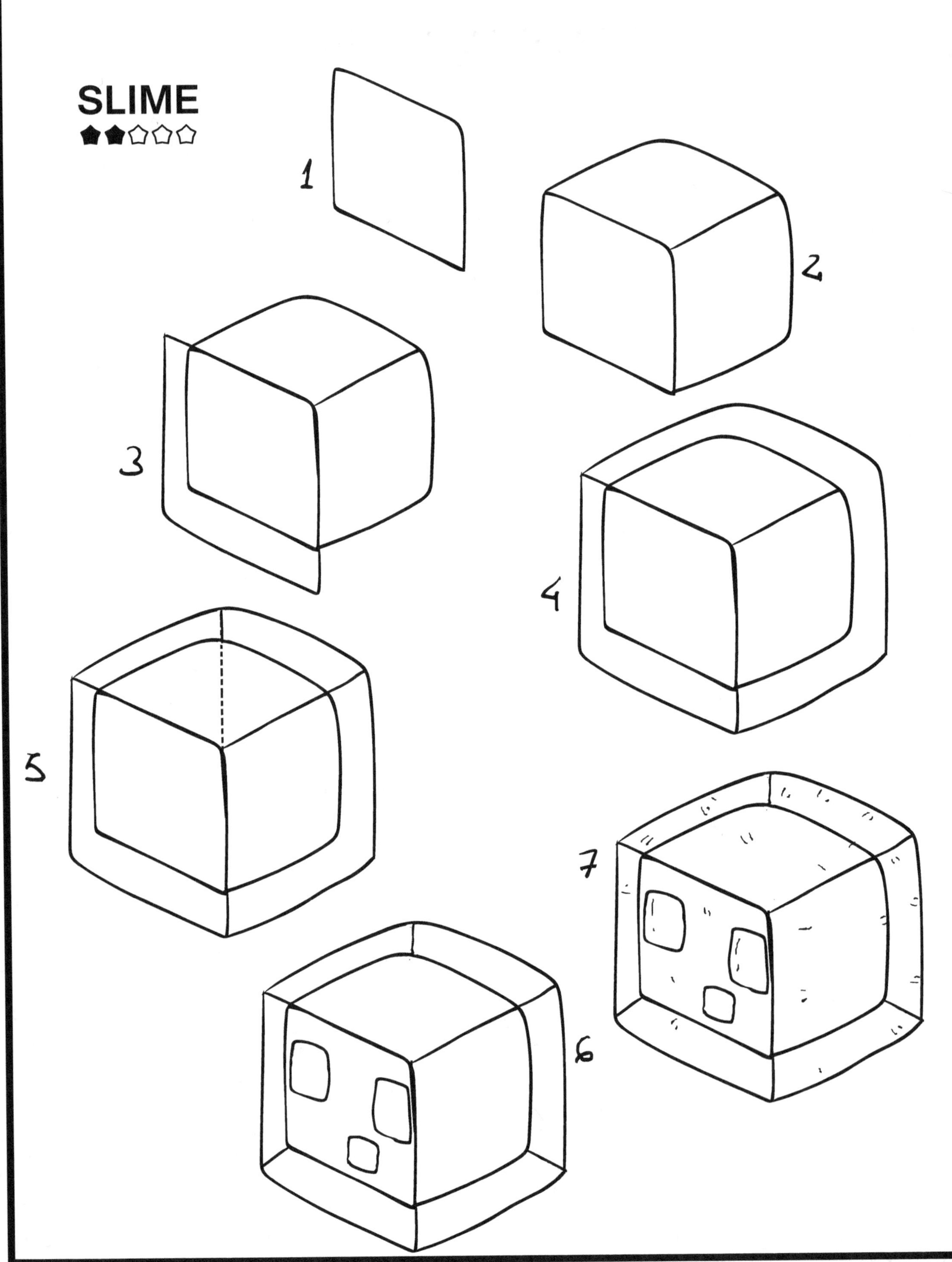

Now, it's your turn

SNOW MAN

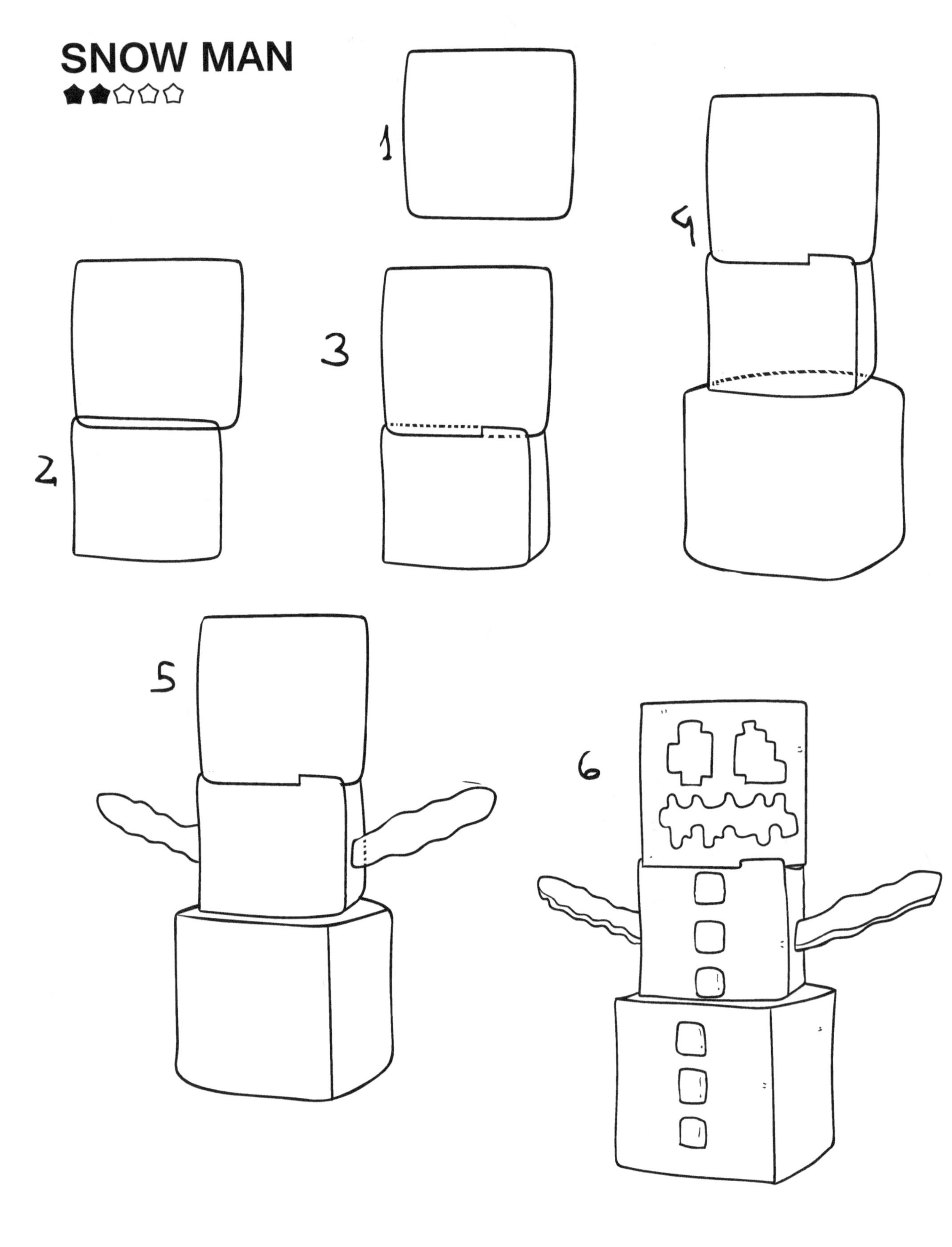

Now, it's your turn

SPIDER

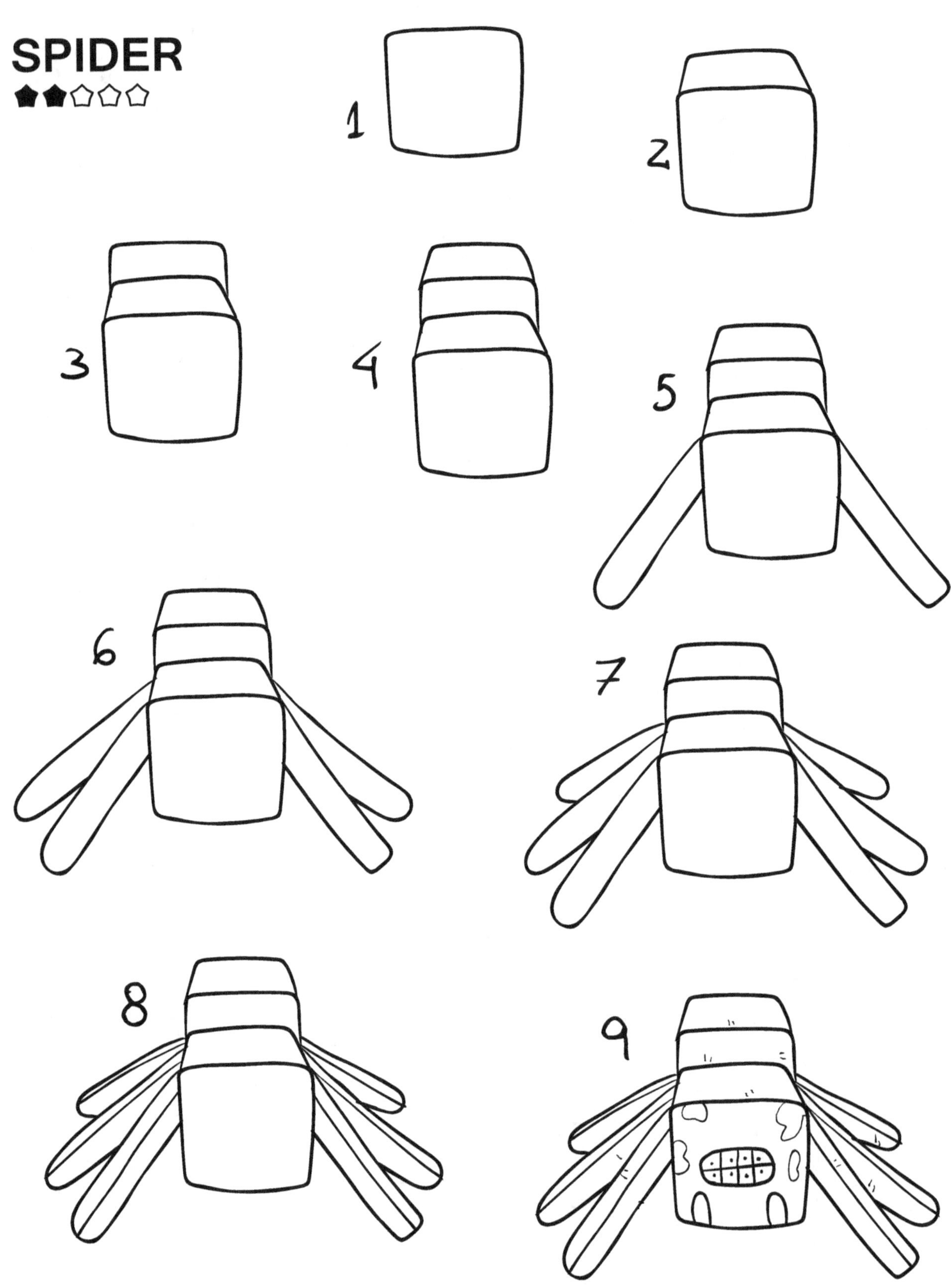

Now, it's your turn

SQUID

1

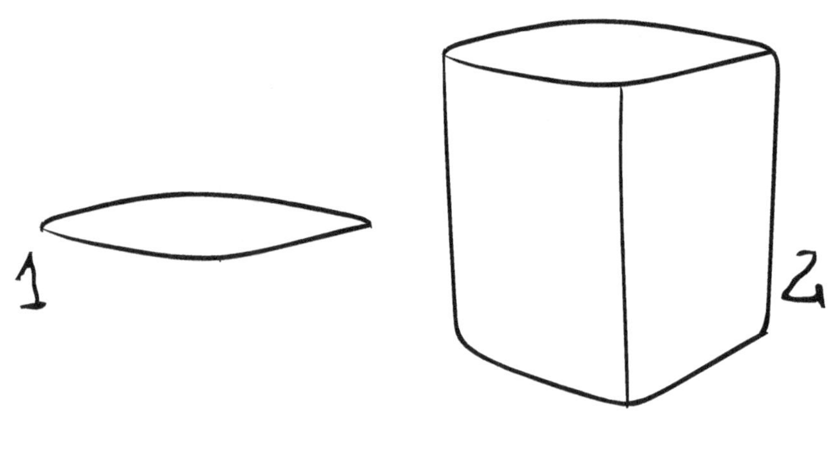

2

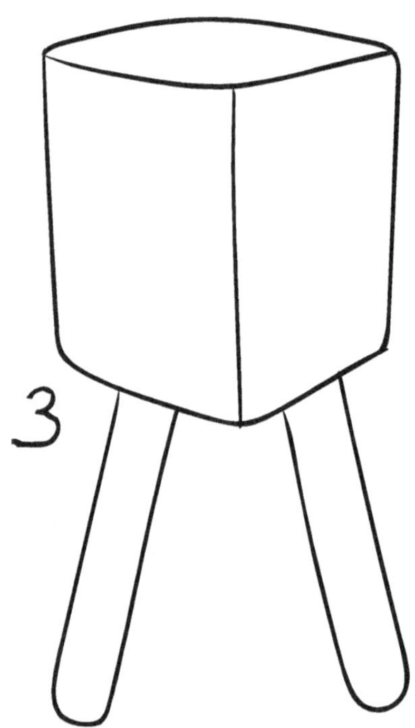

3

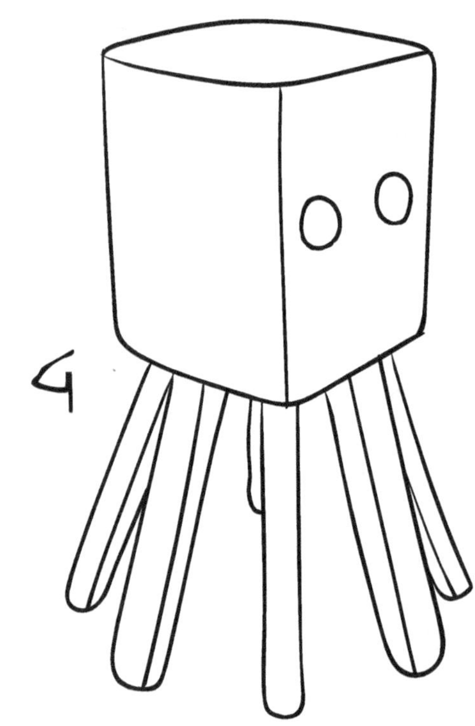

4

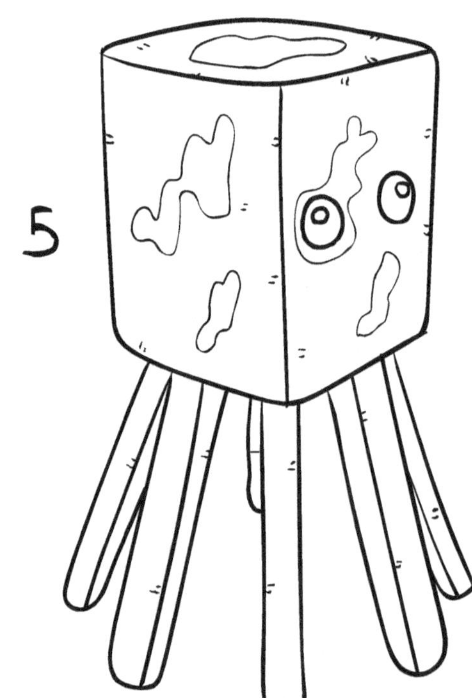

5

Now, it's your turn
Now, it's your turn

STRAY
★★★☆☆

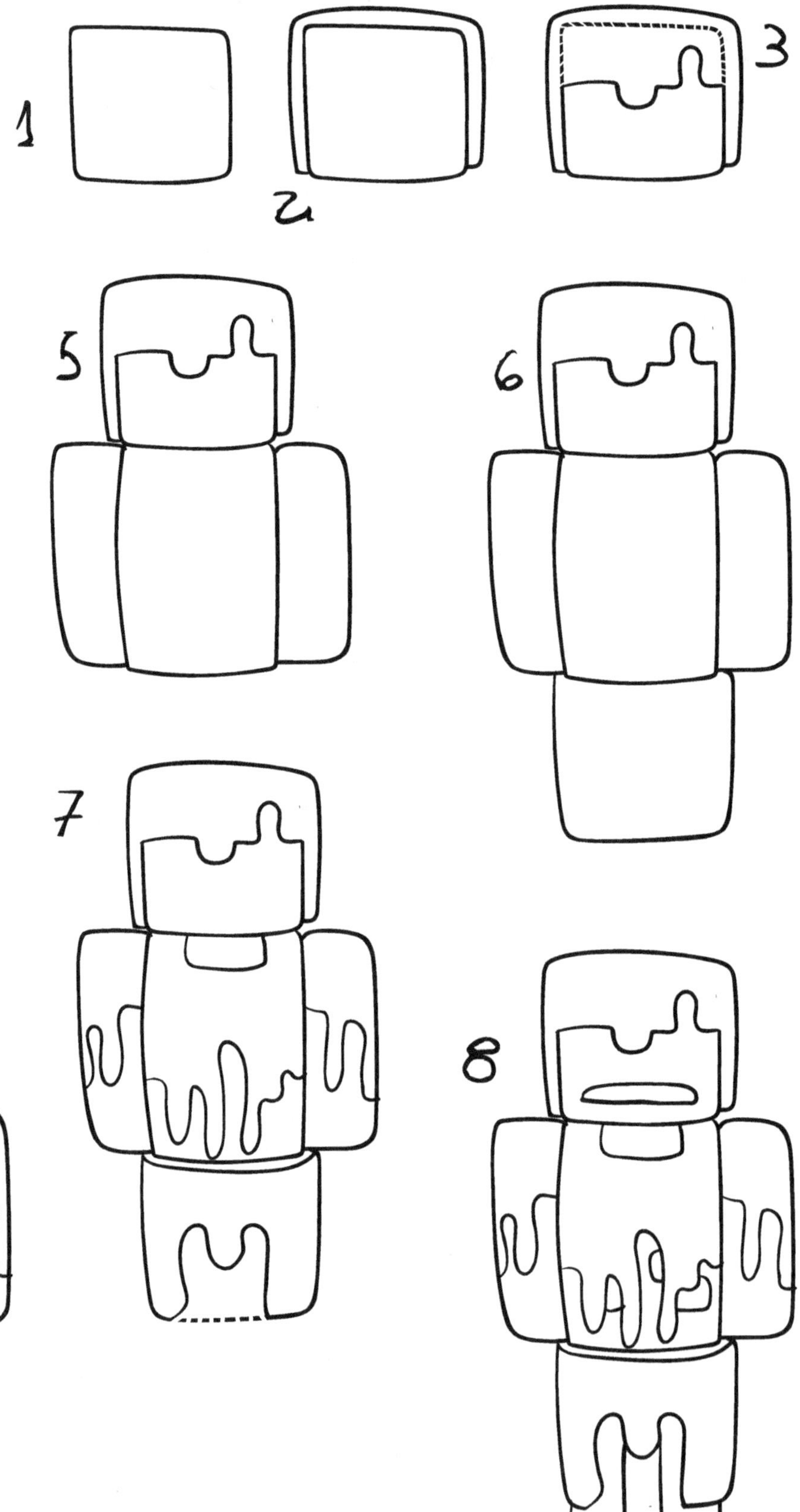

1

2

3

4

5

6

7

8

9

Now, it's your turn

STRIDER

Now, it's your turn

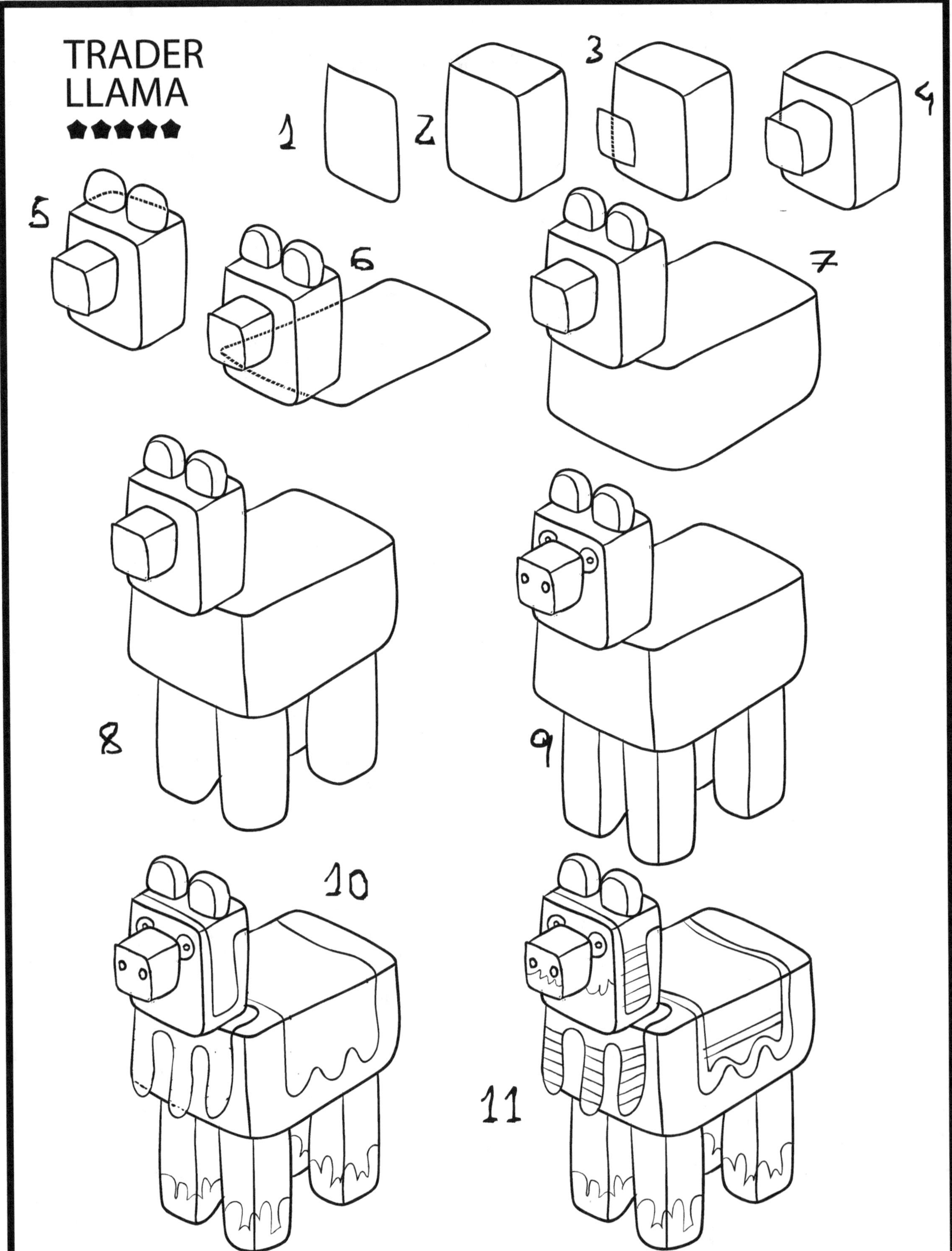

TRADER
LLAMA
1
2
3
4
5
6
7
8
9
10
11

Now, it's your turn

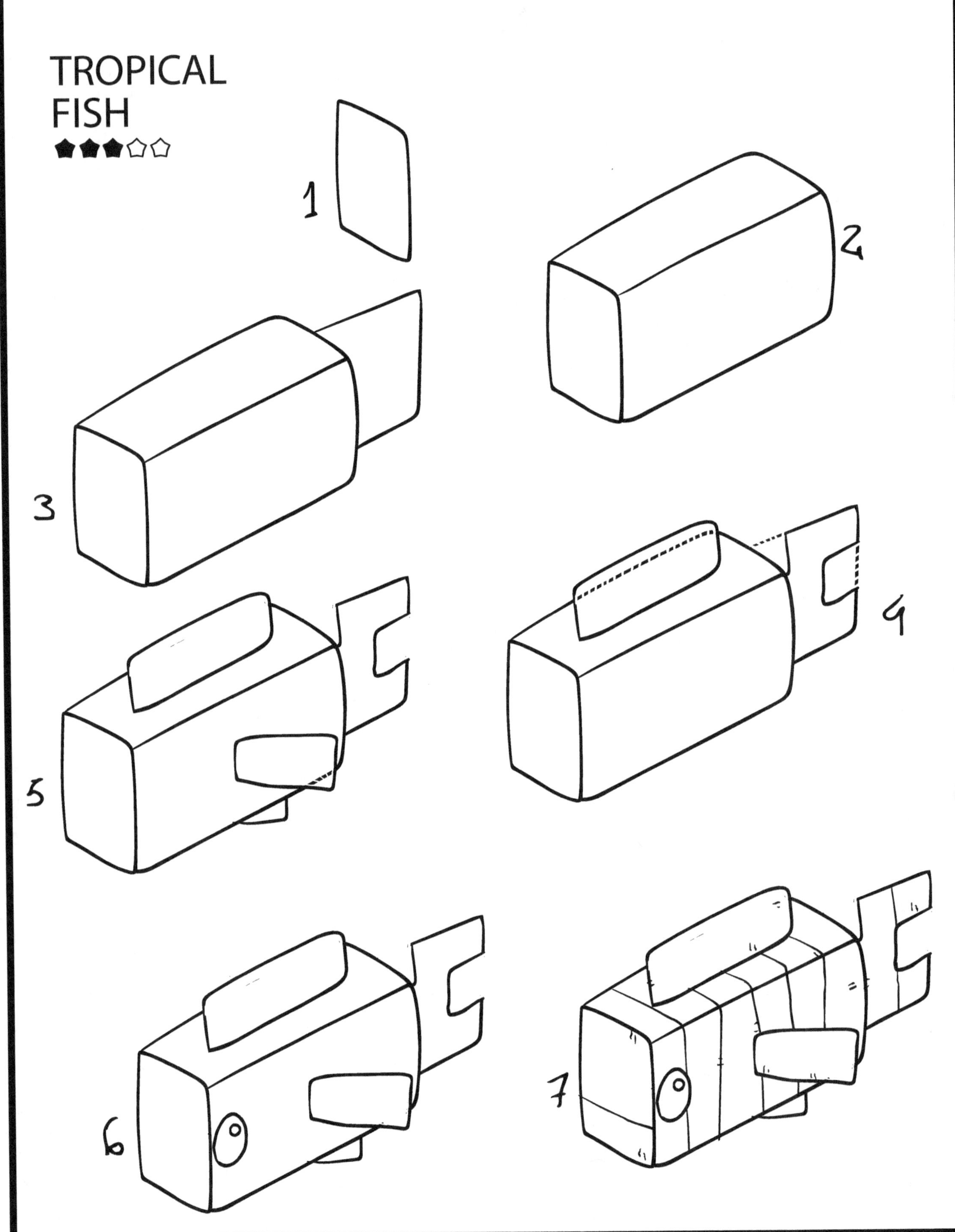

TROPICAL
FISH
1
2
3
4
5
6
7

Now, it's your turn

TURTLE

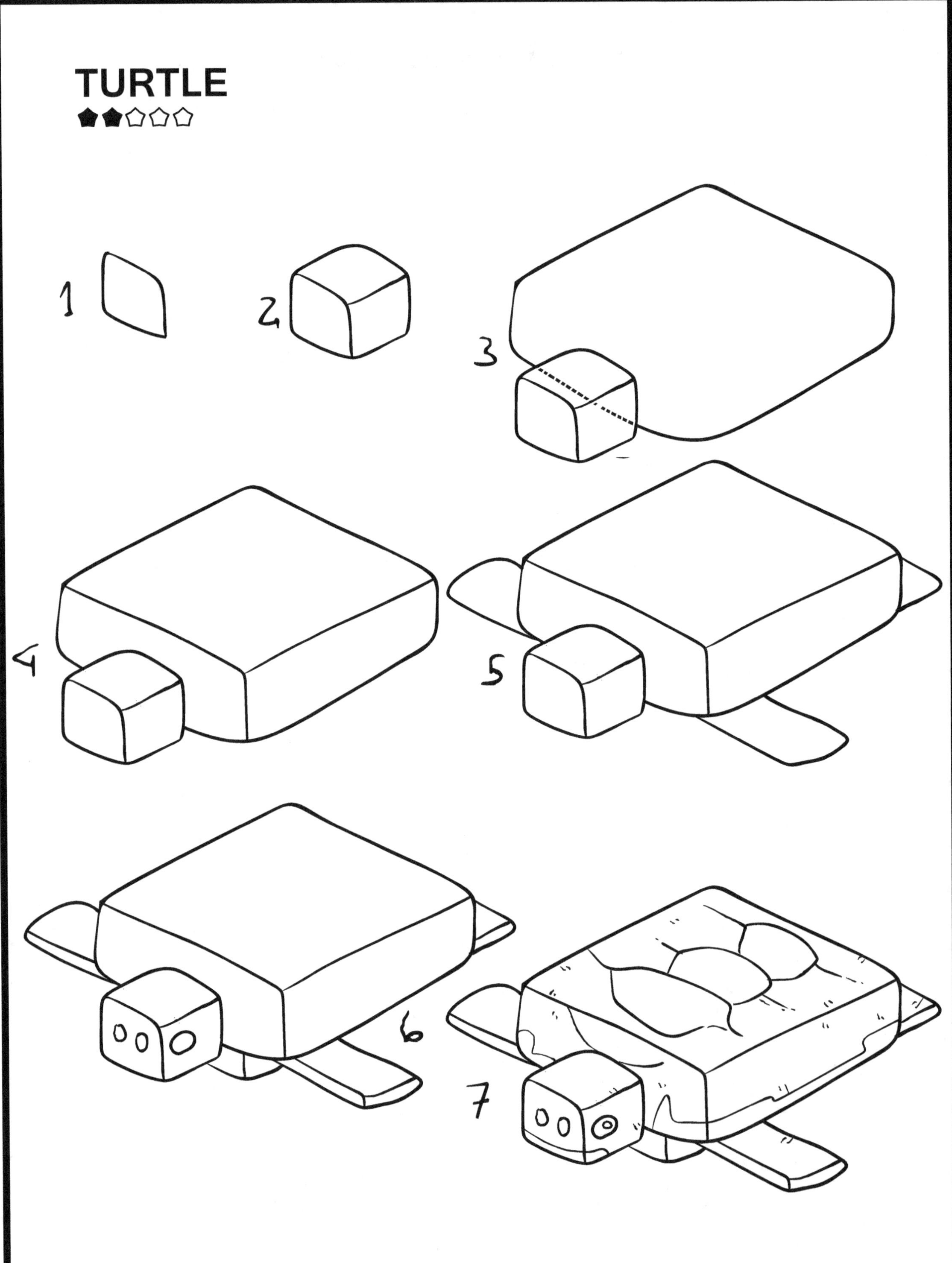

Now, it's your turn

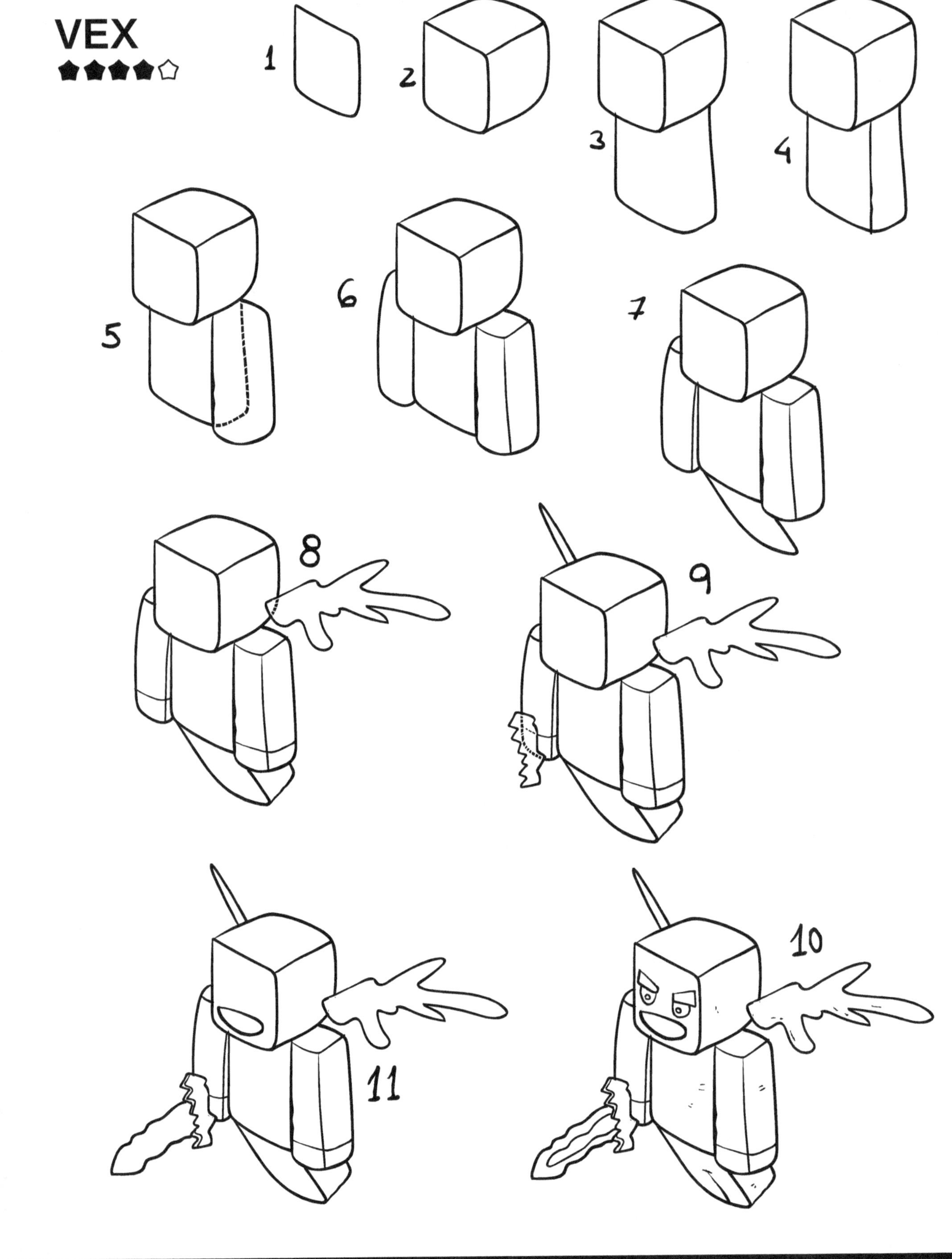

VEX
1
2
3
4
5
6
7
8
9
10
11

Now, it's your turn

Now, it's your turn

VILLAGER

★★★☆☆

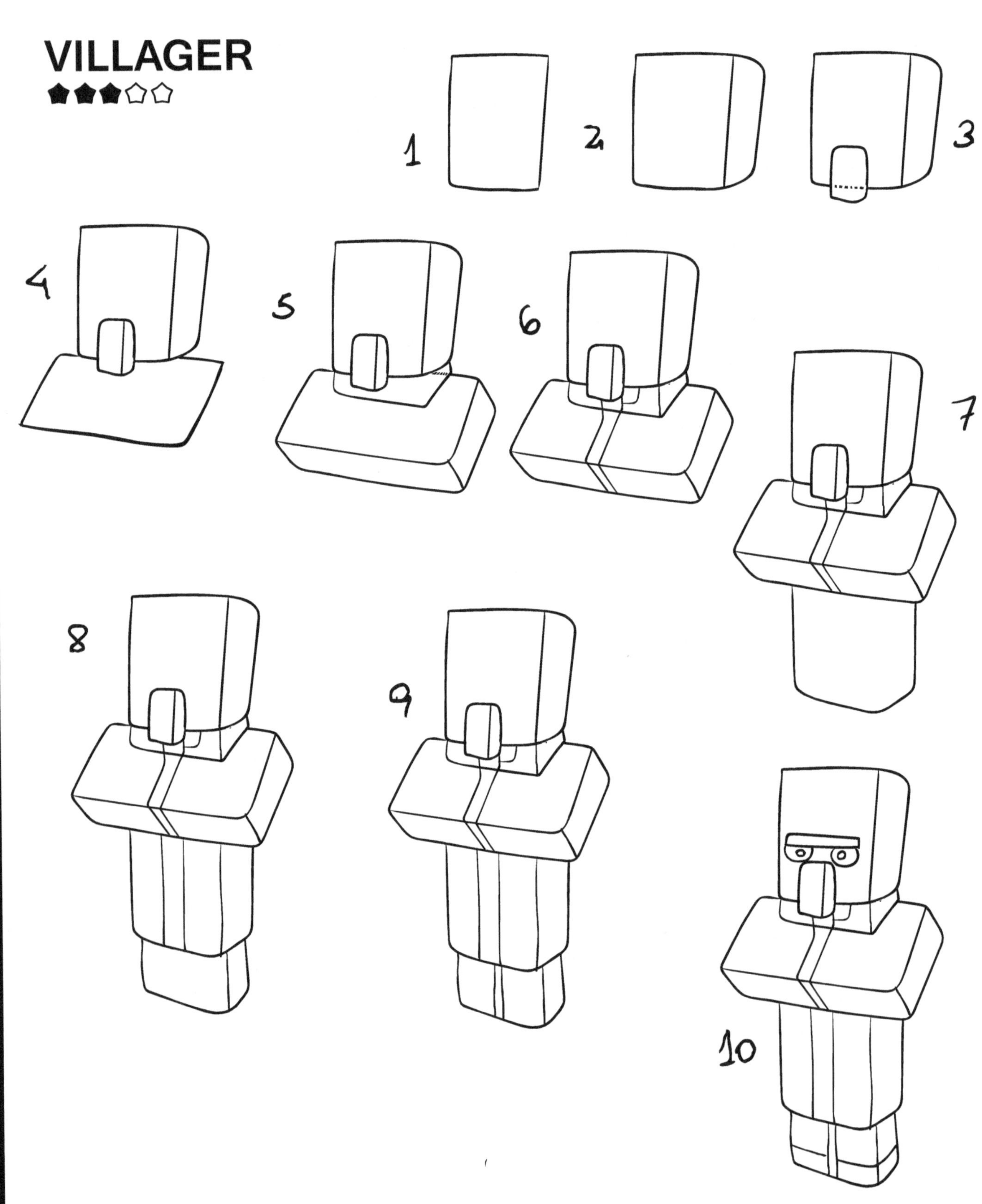

Now, it's your turn

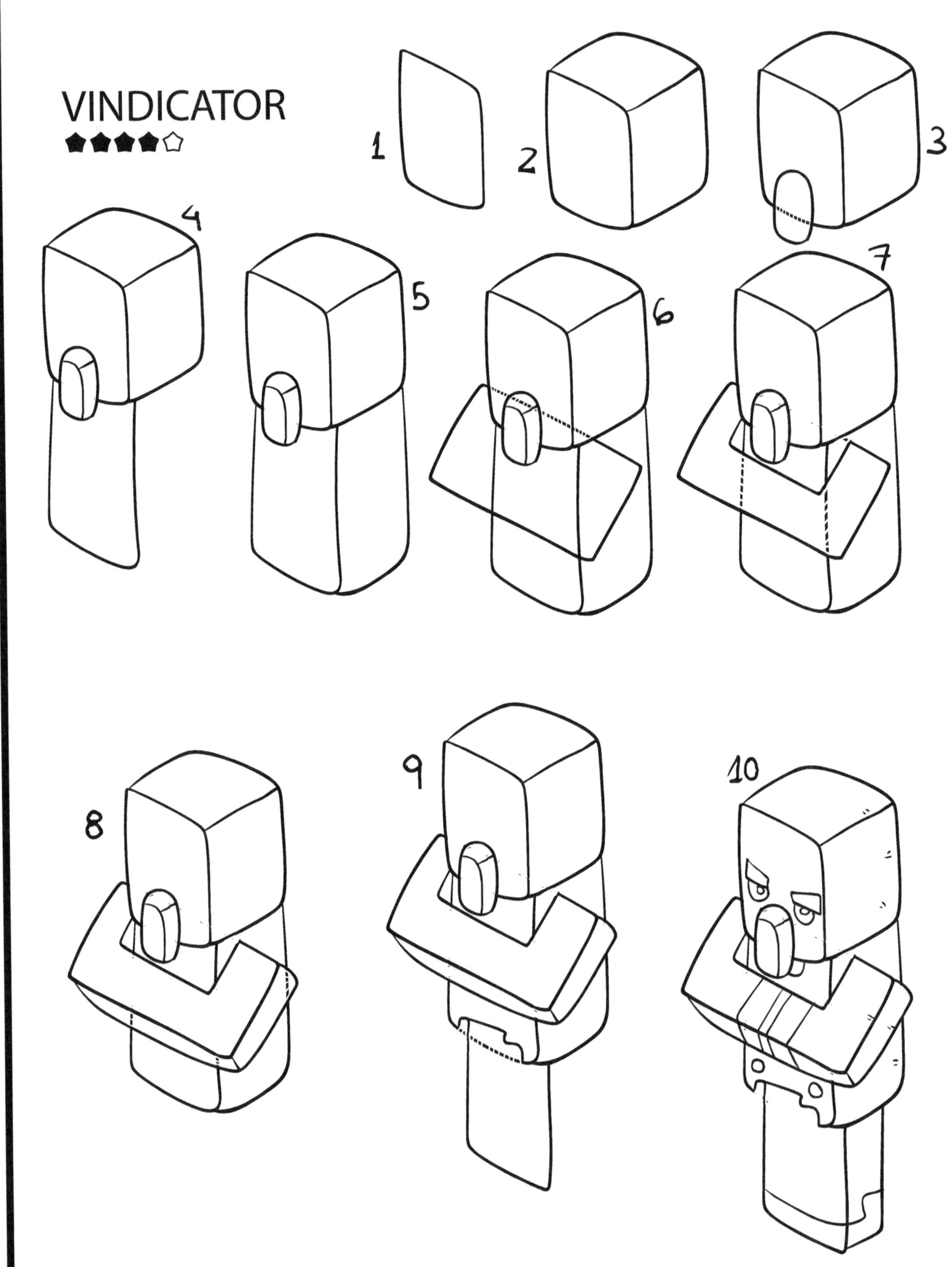

VINDICATOR

Now, it's your turn

WANDERING TRADER

★★★★☆

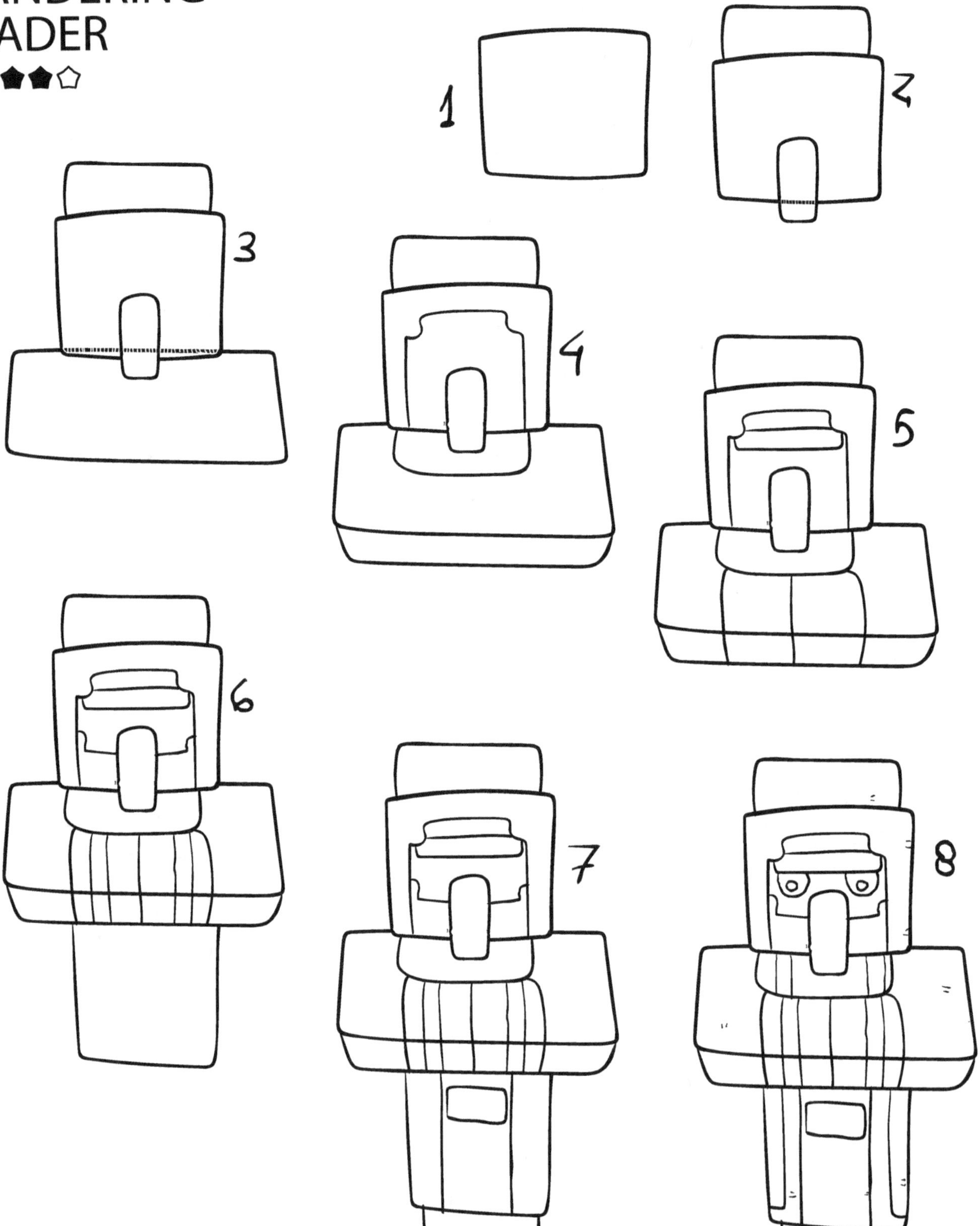

1

2

3

4

5

6

7

8

Now, it's your turn

Now, it's your turn

WITCH

★★★☆☆

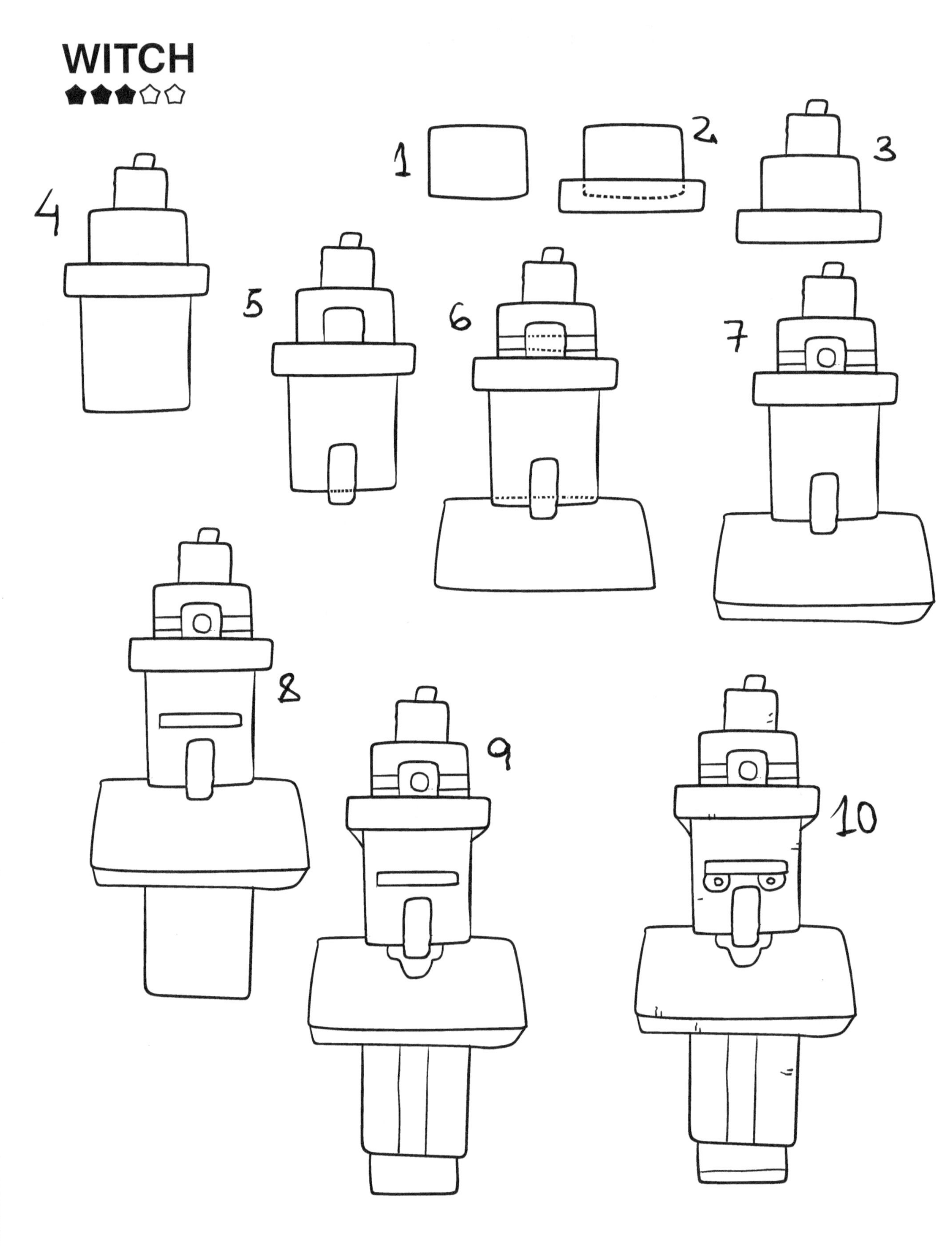

Now, it's your turn
Now, it's your turn

WITHER BOSS

★★★☆☆

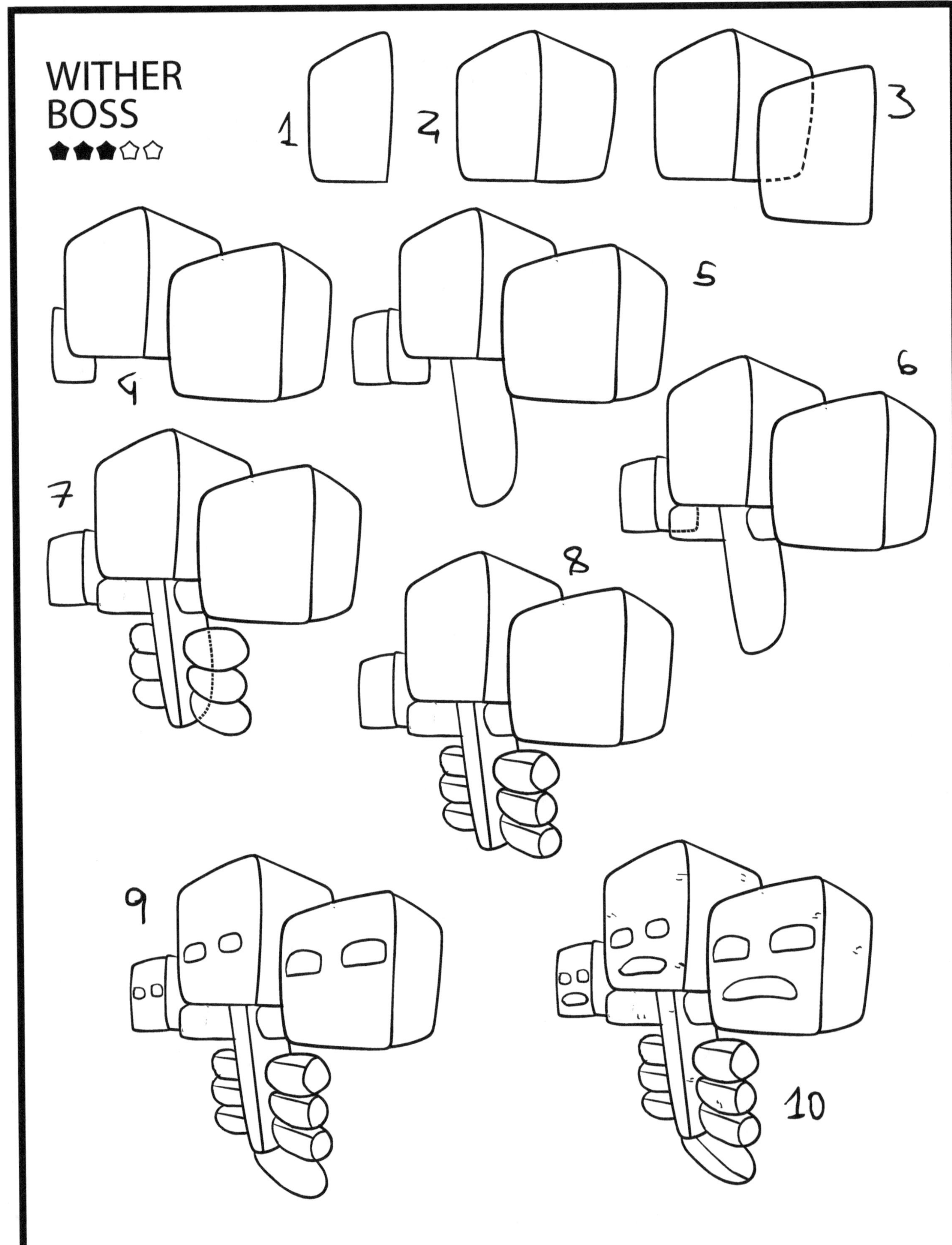

Now, it's your turn

WITHER
SKELETON

★★★☆☆

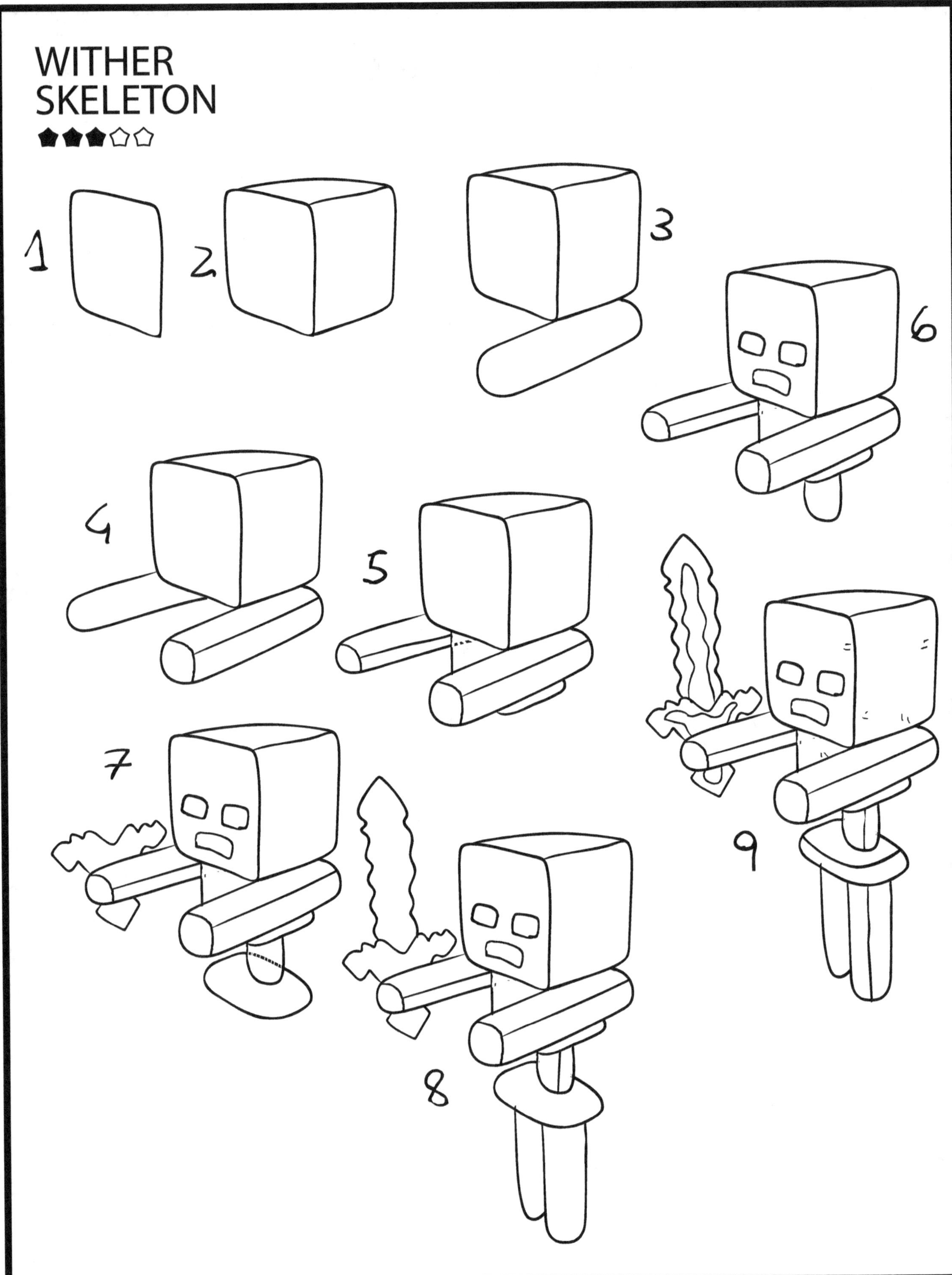

Now, it's your turn

WOLF

Now, it's your turn

Now, it's your turn

ZOGLIN

★★★★☆

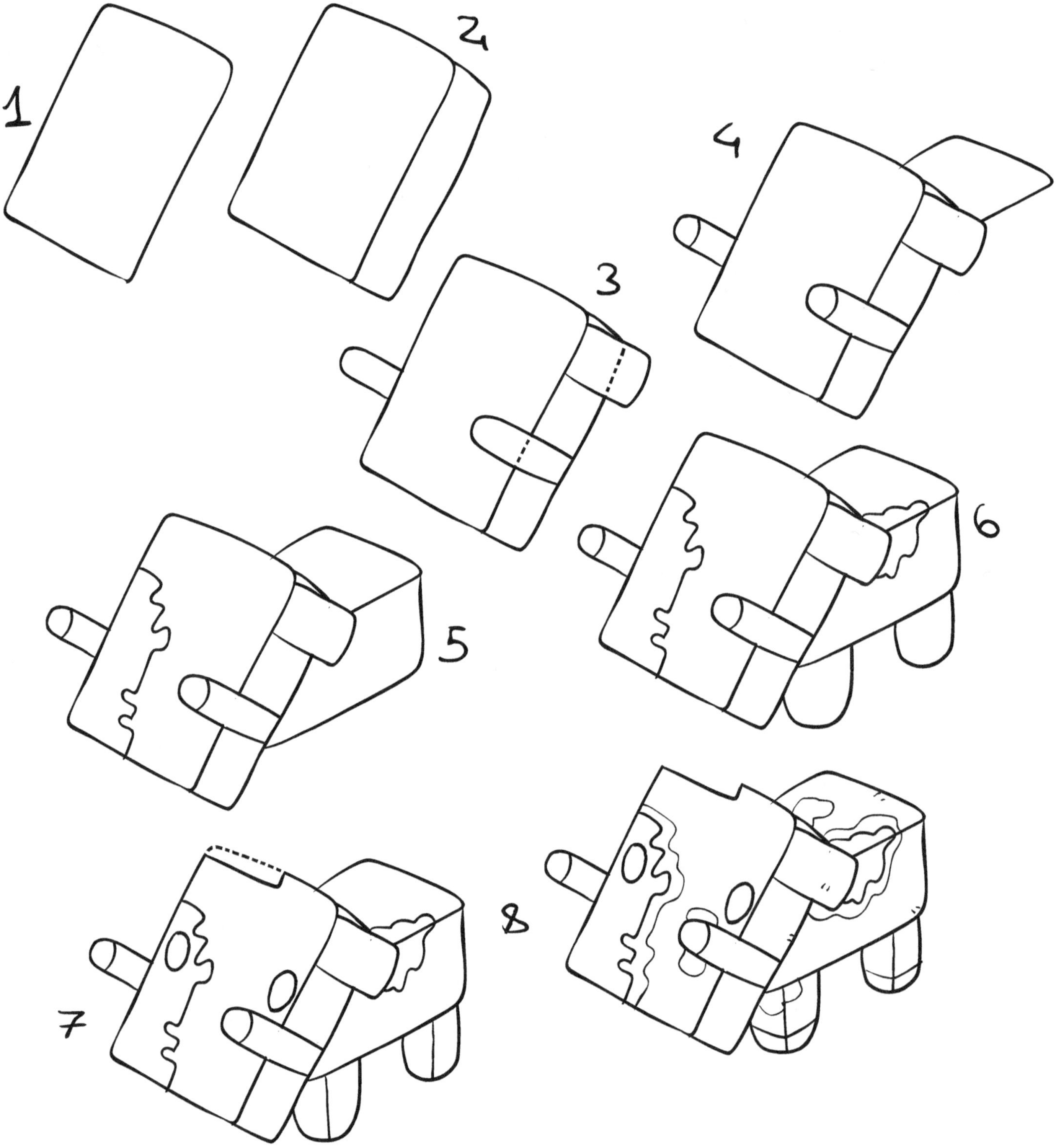

Now, it's your turn

ZOMBIE
HORSE
★★★★★

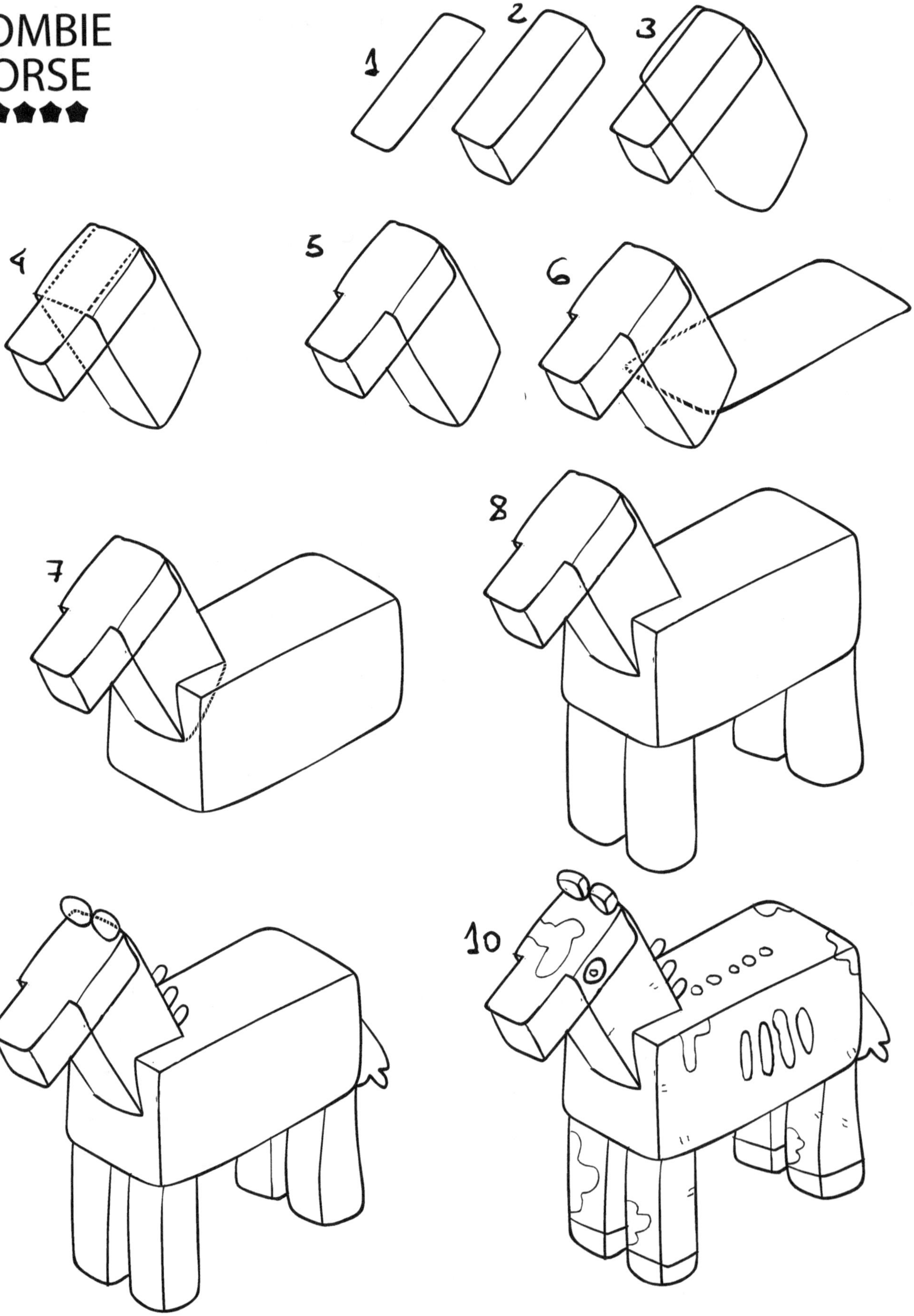

1 2 3
4 5 6
7
8
9 10

Now, it's your turn

Now, it's your turn

ZOMBIE
PIGMAN
★★★★★

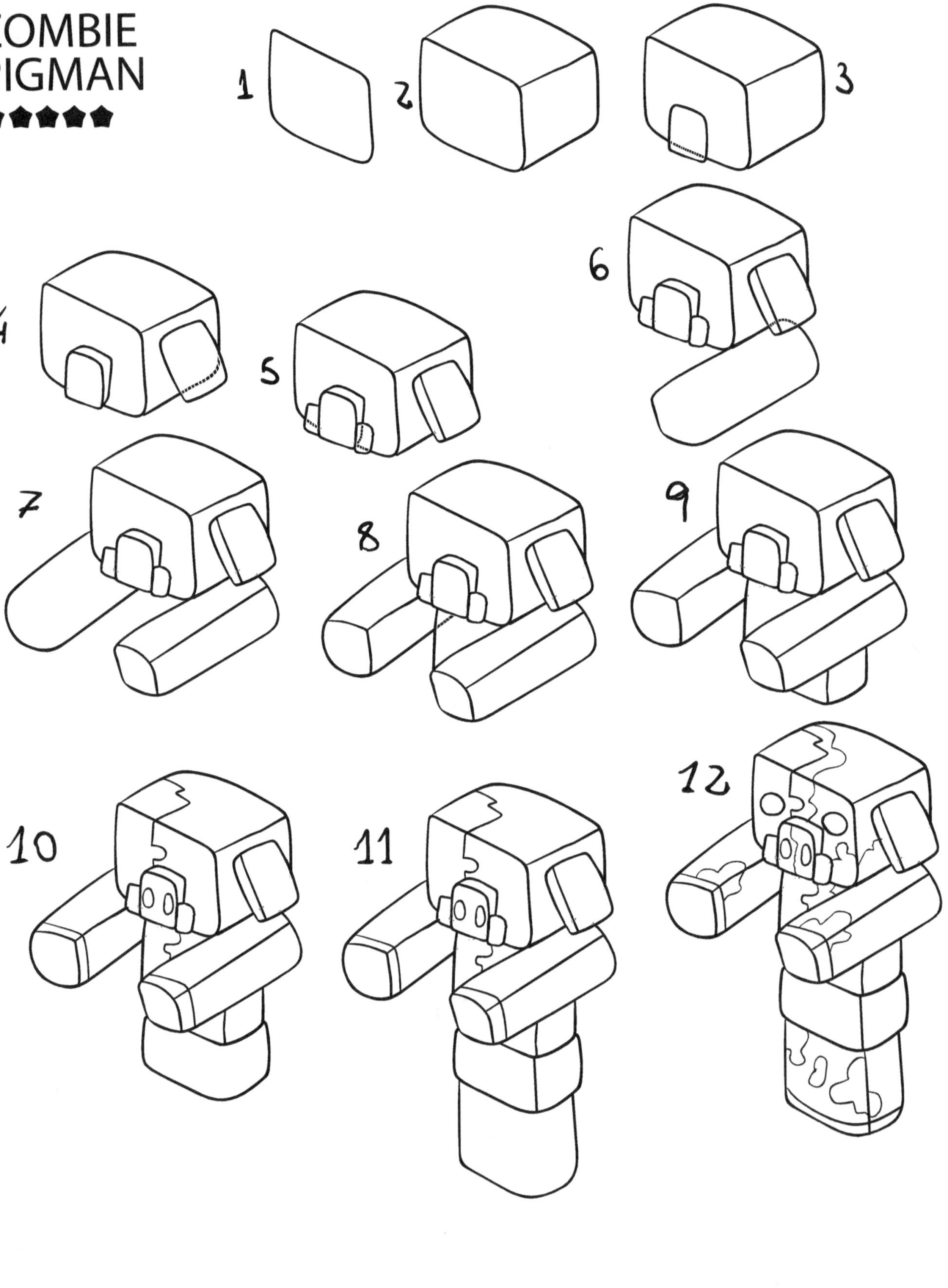

Now, it's your turn
Now, it's your turn

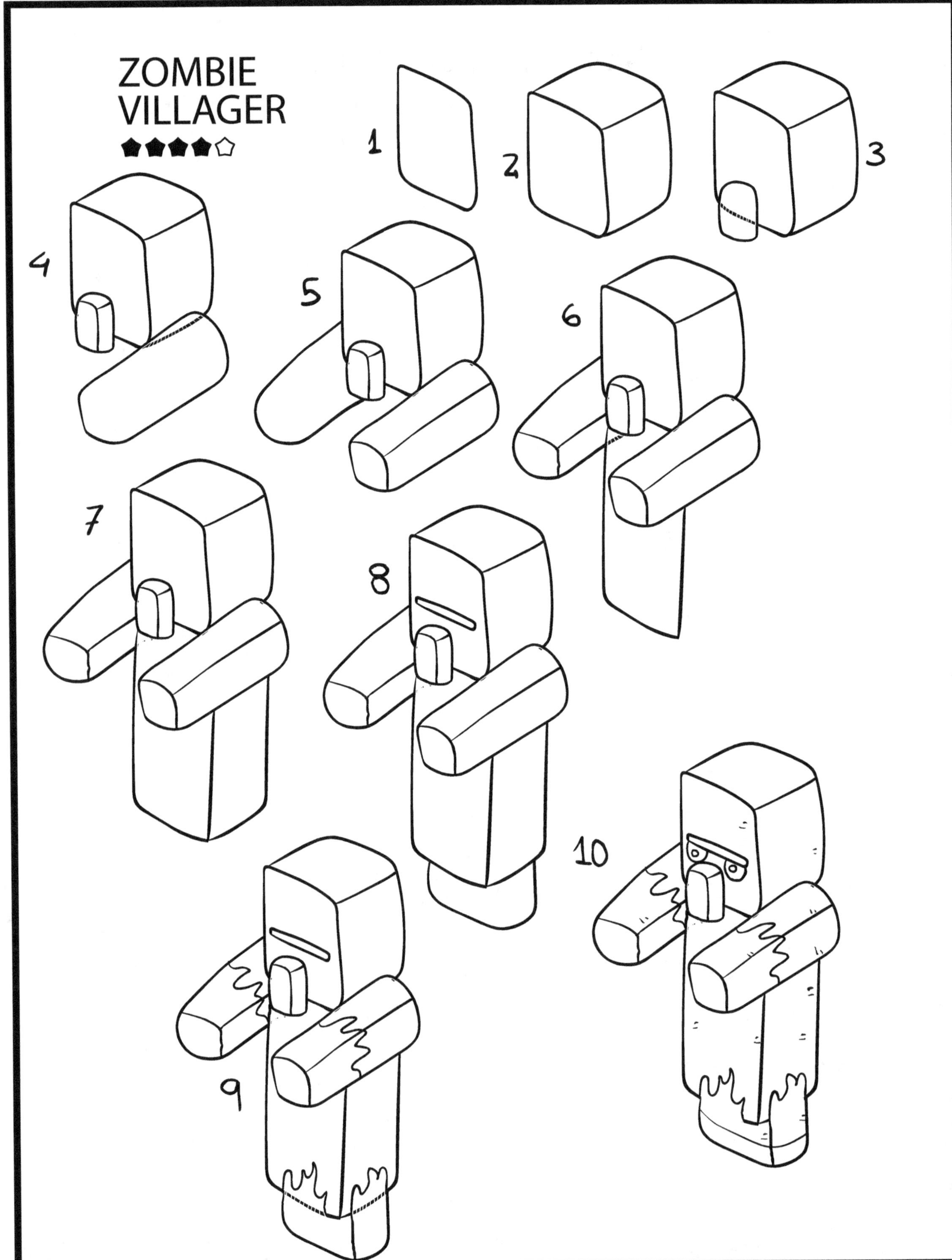

ZOMBIE
VILLAGER
1
2
3
4
5
6
7
8
9
10

Now, it's your turn

ZOMBIE

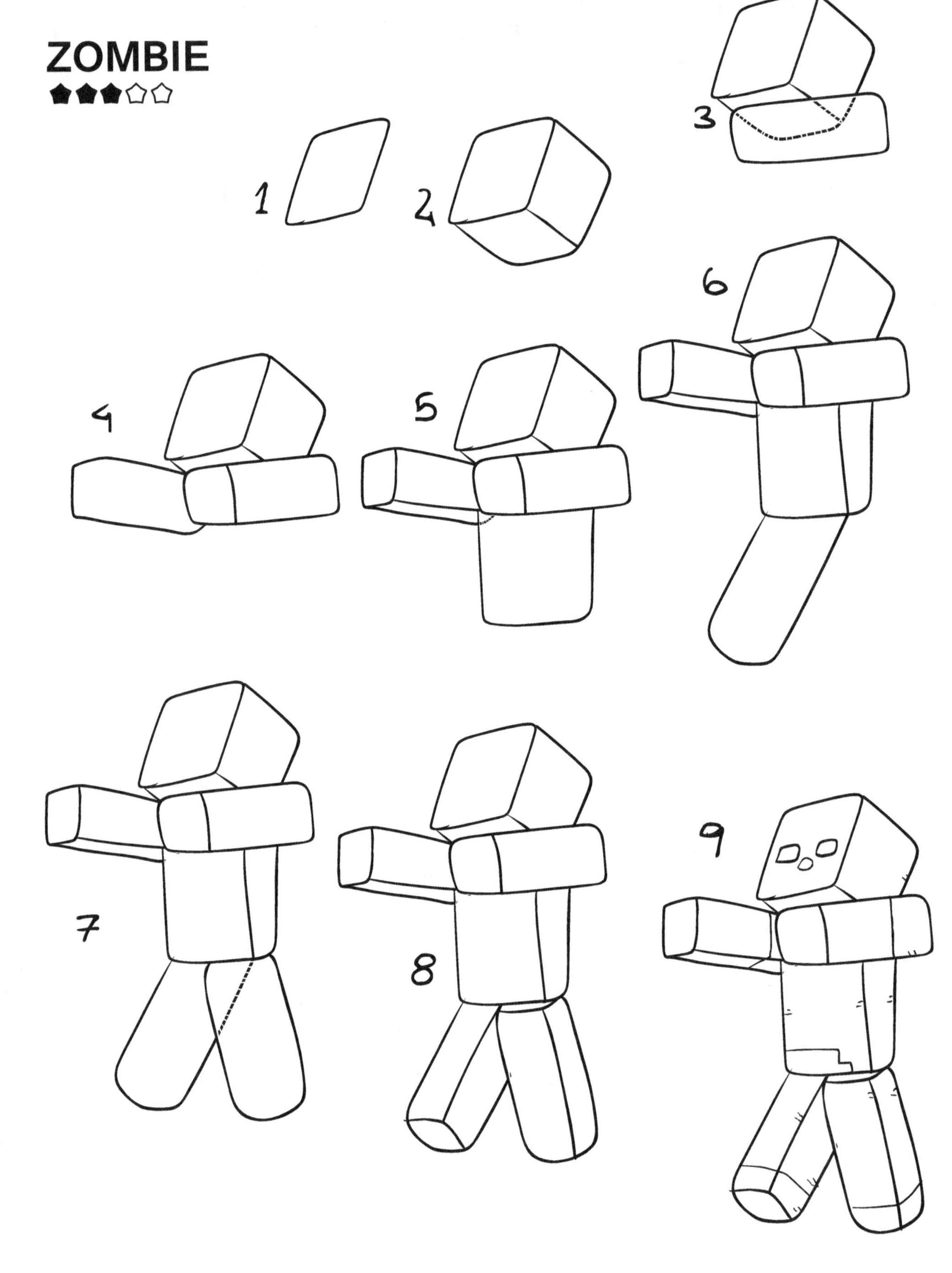

Now, it's your turn